歴史文化ライブラリー

417

神と死者の考古学

古代のまつりと信仰

笹生 衛

吉川弘文館

目　次

1　神と死者と古代の人々

神と死者と古代の人々──プロローグ

日本人の自然観・死生観

平成二十三年（二〇一一）三月十一日、東日本大震災が発生した。巨大な地震と津波により、多くの人々は、住みなれた家や生活を支えた仕事を失い、一万五〇〇〇人以上の方々は不幸にして命を落とされた。この自然災害は、二十一世紀を生きるわれわれに、自然と人間との関係はいかにあるべきか、人間にとって死とは何かという問いを改めて鋭く突き付けたように思う。この問いは、社会構造や価値観が刻々と変化する現在の日本社会を正しく認識し、より良い方向に導く上で常に向き合わなければならない問いでもある。

その答えを考える時、柳田国男が『先祖の話』で「やはり先づ正確に知らなければならないのは過去である」と述べているように、日本列島で暮らしたわれわれの祖先が自然環

図１　『先祖の話』（田中正明氏所蔵）

境といかに接し、死をどう考えてきたのか。日本人の伝統的な自然観と死生観、それにもとづく文化・信仰の歴史を明らかにする必要がある。

一般的に、日本人の文化・信仰は、自然や祖先への信仰と深く結びついていると説明される場合が多い。しかし、その内容、特に古代以来の歴史的な変遷を具体的にたどった研究は存外に少ないように思われる。そこで、ここでは七世紀末期、天武天皇時代の巨大地震、それに続く天皇の崩御《ほうぎょ》と殯《もがり》を取り上げ、われわれの自然観、死生観の原形を見てみよう。

七世紀の地震災害

プレート境界に位置する日本列島では、太古以来、度重なる地震の被害に見舞われてきた。七世紀末期の巨大地震も、その一つである。『日本書紀』によると、天武天皇十三年（六八四）十月壬辰（十四日）の夜、巨大地震が発生した。「山崩れ河涌《わ》く。諸国《くにぐに》の郡《こおり》の官舎、及び百姓の倉屋、寺塔神社、破壊《やぶ》れし類、勝《あげ》て数《かぞ》うべからず。是に由りて、人民及び六畜、多《さわ》に死傷《そこな》わる」とあり、建物だけでなく大きな人的被害が発生していた。この時、古老は、「是《かく》の如《ごと》く地動《ないふ》ること、未だ曽《むかし》よりあらず」と証言する。現在の災害報道でよく耳にする「ここで長く暮らすが、こんな災害は初めてだ」というコメントと同じだ。当時の人々にとって未曽有の激しい揺れに見舞われたのだろう。

この時、四国方面の被害は、特に深刻だった。「伊予（愛媛県）の湯《ゆ》泉、没《うも》れて出でず。土左（佐）国（高知県）の田《た》苑《はたけ》五十余万頃《いそよろずしろあまり》、没《うも》れて海となる」とあるように、伊予の温泉は止まり、土左では地盤が沈下し、五十余万頃（一〇〇〇町歩・約一二〇〇ヘクタール）の田畑が海中に没したという。東日本大震災での東北地方の被害を彷彿とさせる。さらに、翌月の十一月庚戌（三日）には土左国司から「大潮高く騰《あが》りて、海水飄蕩《うなつみただよ》う。是に由りて、調《みつき》運ぶ船、多《さわ》に放れ失せぬ」との報告が入る。地震に伴い津波が発生、物資輸送を担う多数の船舶が失われたようだ。必要な情報・物資をもたらす水上交通が寸断されたことになり、これも社会や人々の生活に深刻な影響を与えたと思われる。

神の力

東日本大震災から二年八ヵ月が経過した平成二十五年十一月、伊豆諸島の南、小笠原諸島の西之島の東側海域で海中火山が噴火、新島が誕生したというニュースは、まだ記憶に新しいところだろう。これと同じ状況が、天武天皇十三年の地震の際に起こっていた。

図2　津波の襲来（岩手県野田村提供）

『日本書紀』は記す。地震発生と同日の夕刻、「鳴る声《こえ》有りて鼓の如くありて、東方に聞ゆ。人有りて曰く、伊豆島の西北、二面、自然に増益《ま》せること、三百余丈、更一《さらにひとつ》の嶋と為《な》れり」と。伊豆島（伊豆大島か）の西北海域で火山が噴火し新島が現れたというのである。これに続けて「則ち鼓の音の如くあるは、神の是の島を造る響なり」とある。文脈から鼓のような音とは噴火音で、神が島を造る響きと理解していた。火山活動は神の為す所との認識がうかがえる。これは、火山活動で伊豆諸島の島々を造る「三嶋の神」の信仰へとつながると考えられる。

この二年後、朱鳥元年（六八六）六

月、天武天皇は体調を崩し、草薙剣《くさなぎのつるぎ》の祟《たたり》とされた。八月庚午（二日）には一〇〇体の菩薩を宮中に安置し、観音経二〇〇巻を読ませ、丁丑（九日）には神祇に天皇の病気平癒を祈っている。そして、辛巳（十三日）には秦忌寸石勝《はたのいみきいわかつ》を派遣して「幣《みてぐら》」（幣帛《へいはく》）を土左大神に奉った。土左大神のみに「幣」を奉る使者をたてたという特別な対応は注目しなければならない。これには、二年前の地震による大きな被害が影響していた可能性が高い。大地震には、土左大神の意志が働いており、天皇の病気にも影響していると考えたのだろう。

火山噴火を神の所為とする伊豆島の記事と、地震被害や天皇の体調不良に関係して土左大神へ幣を捧げたことをあわせて考えると、人間が抗しえない巨大な自然の力、働きに当時の人々は「神の力」を感じ、貴重な品「幣」を捧げ祀っていたのである。日本人は自然の働きと神とを直結させ、自然災害も神の働きと考えていたと言えよう。

死者の認識

土左大神へと使者を送ってから一ヵ月もたたない九月丙午（九日）、天武天皇は、祈りの甲斐なく崩御した。この後、『日本書紀』では、持統天皇二年（六八八）に天武天皇を大内陵《おおうちのみささぎ》へと葬るまで「殯《もがり》」の記事が続く。天皇の崩御後、内裏の南庭に殯宮を建て天皇の遺体を安置し、哀悼の意を表する「慟哭《どうこく》・発哀《はつあい》」を行い、死者へと述べる言葉「誄《しのびごと》」を申し上げた。これが、陵墓への埋葬まで繰り返された。

ここからは、当時の人々が、死者をどう考え、いかに接していたのかが垣間みえる。

一方で、殯の記事には「進奠・奠奉」と「嘗」の文字が使われている。「進奠・奠奉」は「みけたてまつる」と読み、「嘗」は「なうらい（なおらい）たてまつる」と読む。いずれも食べ物を供えたことを意味する。埋葬するまでの殯では、死者には食べ物が供えられていた。

類似する伝承が、九世紀、「喪葬令」を解説した『令集解』の註釈にある。曰く「長谷《まつせの》天皇《すめらみこと》（雄略天皇）崩《かむあがりたまい》し時、（中略）七日七夜、御食《みけ》を奉らざりき。これによりあらびたまひき」。雄略天皇の崩御に当たり、七日七夜の間、食べ物を供えなかったところ天皇の御魂は荒《あら》び怒ったという。古代の人々は御食を供えなければ死者は怒ると考えていた。これは、天武天皇の殯で食物を供えたことと一致する。食物を供える供膳は、死者に対する儀礼の中で必要不可欠な要素だったのである。

「祖」への信仰

天武天皇の遺体は、二年以上の長い殯の期間をへて持統天皇二年十一月十一日、大内陵へと埋葬された。その直前に「皇祖《すめみおやたち》等の騰極《ひつぎ》の次第《ついで》を誄奉《しのびごとたてまつ》る。礼なり」とあり、これより前の十一月四日には「諸臣各己《おの》が先祖《おやたち》等の仕えまつる状《かたち》を挙げて、逓《たがいに》に進みて誄《しのびごとたてまつ》る」とある。天皇の遺体の陵墓への埋葬に先立ち、天皇や諸臣の祖先からの系譜を再確認している。

皇祖・先祖の「祖」の文字は、「おや」と読み、『記紀』や『古風土記』などで多く使われる言葉である。本居宣長が『古事記伝』で指摘しているように、祖先だけでなく直接の親にまで使われ、子孫は「子《こ》」と表現された。祖先からの系譜は、「祖」と「子」の関係の中で受け継がれたのである。さらに『日本書紀』『古風土記』では、「遠祖・上祖・本祖・始祖・初祖」を「とおつおや」と読み、自らの系譜の起点となった祖先を指している。『日本書紀』『古風土記』が編纂された八世紀前半、天皇を含む各氏族の系譜は、遠祖《とおつおや》（上祖・初祖）から代々の「祖」・「子」をへて受け継がれたと考えられていた。この意識は、埼玉県行田《ぎょうだ》市の埼玉《さきたま》古墳群の稲荷山《いなりやま》古墳から出土した鉄剣銘が、「上祖」と「児」の関係で系譜を語っていることからも裏付けられよう。

この祖からの系譜を、「祖」の「子」である死者を墳墓に埋葬する時点で確認している点は注意する必要がある。古代の人々にとって「祖《おや》」とは、自身につながる過去の死者であり自らの系譜を象徴する存在なので、死者は「上祖」との関係・系譜を確認し埋葬されることで、代々の祖の一人となり系譜に組み込まれたのではないだろうか。「祖」は、古代の死生観を考える時、大きな意味を持つ言葉なのである。

本書の目的

ここで取り上げた天武天皇から持統天皇の時代、七世紀末期という時期は、律令国家の体制が整えられたとされる。政治制度では天武天皇の『飛鳥浄《あすかきよ》

図3　天武・持統天皇合葬陵「野口王墓」

御原令《みはらりょう》』が制定され、持統天皇八年（六九四）には本格的な古代都城の藤原京へと遷都した。

また、天武天皇四年（六七五）、律令国家の根幹にかかわる重要な祭祀が、記録上始めて確認できるようになる。風水害を防ぎ稲作の進捗を祈るため、のちに『神祇令』で定められた広瀬《ひろせ》大忌《おおいみの》祭《まつり》と龍田風神祭《たつたのかぜのかみのまつり》である。さらに、平安時代の『太神宮諸雑事記』によると持統天皇四年には、伊勢神宮内宮の式年遷宮が始まったとされている。

一方で、天武天皇が葬られ、その後、持統天皇が合葬された「大内陵」、つまり「野口王墓《のぐちのおうのはか》」は、対角辺約三八メートルの八角形墳である。鎌倉時代、文暦二年（一二三五）の盗掘調書『阿不幾乃山《あおきのさん》陵記《りょうき》』によると、天武天皇の遺体は麻布を漆で塗り固めた夾紵棺《きょうちょかん》に、持統天皇の火葬骨は銀の骨蔵器に納められ、これを切石《きりいし》の墓室（横口式石《よこぐちしきせつ》槨《かく》）に安置していたという。切石の石槨（棺を納める空間しかない墓室）、そして八角形の墳形、火葬という新しい要素を加えた、最終段階の古墳であった。

天武天皇から持統天皇の時代は、神祭りでも、死者の葬送の面においても、まさに古墳時代から律令時代への大きな転換点であったといえる。この時代に見られた神と自然環境との関係、祖への信仰は、古墳時代以来の伝統的なものなのか、新たな要素だったのか。そして、それは歴史的にどのような意味を持ち、現代の我々の文化・信仰にいかなる影響を与えているのか。この点を、発掘調査された遺跡・遺物の考古資料から検証し、考えてみようというのが本書の目的である。

日本列島では、昭和四十年代から昭和六十年代頃まで、大規模な土地開発事業が実施され、これに伴い大規模な埋蔵文化財の発掘調査が行われた。その結果、祭祀や信仰に関する新たな考古資料も多く発見されている。本書では、これら最新の調査成果も踏まえつつ古代の神や祖（死者）への信仰の実態に迫ってみたい。

古代祭祀の実態

神道考古学と古代祭祀

神道考古学　古代の神祭り「祭祀」の実態を考古学の遺跡や遺物から明らかにしようとする試みは、昭和十年（一九三五）に大場磐雄《おおばいわお》が提唱した神道考古学で行われてきた。

大場は、昭和十八年には『神道考古学論攷』を出版し、神道考古学を「過去の物質的資料に拠り、本邦古来の神道を背景とする諸現象を考究するの学」と定義した。ここには「上代祭祀址とその遺物に就いて」「原始神道の考古学的考察」「原始神社の考古学的一考察」「磐座磐境《いわくらいわさか》等の考古学的一考察」「古墳と神社」「南豆洗田《せんだ》の祭祀遺蹟」などの論文を収めている。この時点で既に、上代（古墳時代）祭祀の具体像、神社との関係、古墳との関係という神道考古学の主要な課題を網羅している。

中でも、「原始神道の考古学的考察」では、伊勢神宮、鹿島神宮など古社境内、奈良県桜井市三輪山麓の大字馬場字山ノ神や静岡県下田市の大字吉佐美《きさみ》字宮尾など二七ヵ所に及ぶ遺跡を取り上げ、古墳や住居とは異なる祭祀と深く関係する遺跡「祭祀阯」の存在を考えた。また、「祭祀阯」から出土する遺物を「祭祀遺物」とし、石製模造品、土製模造品、其他に分類した。ここで「祭祀阯（後の祭祀遺跡）」と「祭祀遺物」の基本的な考え方が示された。

祭祀遺跡と祭祀遺物

大場はこれを発展させ、昭和四十五年、研究成果を集大成した『祭祀遺蹟』を上梓する。その第一部「祭祀遺蹟の研究」は、昭和二十三年に提出した彼の学位論文である。そこでは、まず祭祀関係の考古資料を対象としながら、不足する情報を第一は文献、第二は伝承資料（民俗資料）で補塡するという研究の方法を示し、祭祀遺蹟（遺跡）と、そこから出土する祭祀遺物を次のように分類した。

◎祭祀遺跡

（1）自然物を対象とするもの〔（イ）山岳《さんがく》、（ロ）巌石《がんせき》、（ハ）島嶼《とうしょ》〕。

（2）古社の境内ならびに関係地。

（3）住居址付属地。

（4）古墳付属地。

（5）単独遺物発見地。

◎祭祀関係遺蹟

（1）銅鉾《どうほこ》・銅剣・銅鐸《どうたく》等の出土地。

（2）子持勾玉《こもちまがたま》の発見地。

（3）土馬《どば》類の発見地。

◎祭祀遺物

（イ）土器〔（一）土師器《はじき》、（二）須恵器《すえき》、（三）祭祀用小土器（手捏《てづくね》土器）〕。

（ロ）土製模造品〔（一）鏡・円板、（二）勾玉・丸玉・管玉《くだたま》・棗玉《なつめだま》、（三）匙形品・歯車形品、（四）臼・杵・匏《ひさご》・柄《ひ》杓《しゃく》・案《つくえ》・箕《み》・有溝円盤〕。

（ハ）滑石製模造品〔（一）臼玉・勾玉・管玉等、（二）剣形品、（三）有孔円板品・不整板形類品、（四）紡錘車《ぼうすいしゃ》・刀子《とうす》・その他、（五）馬形・人形・船形〕。

（ニ）金属製品〔（一）鑑鏡、（二）鉄器類〕。

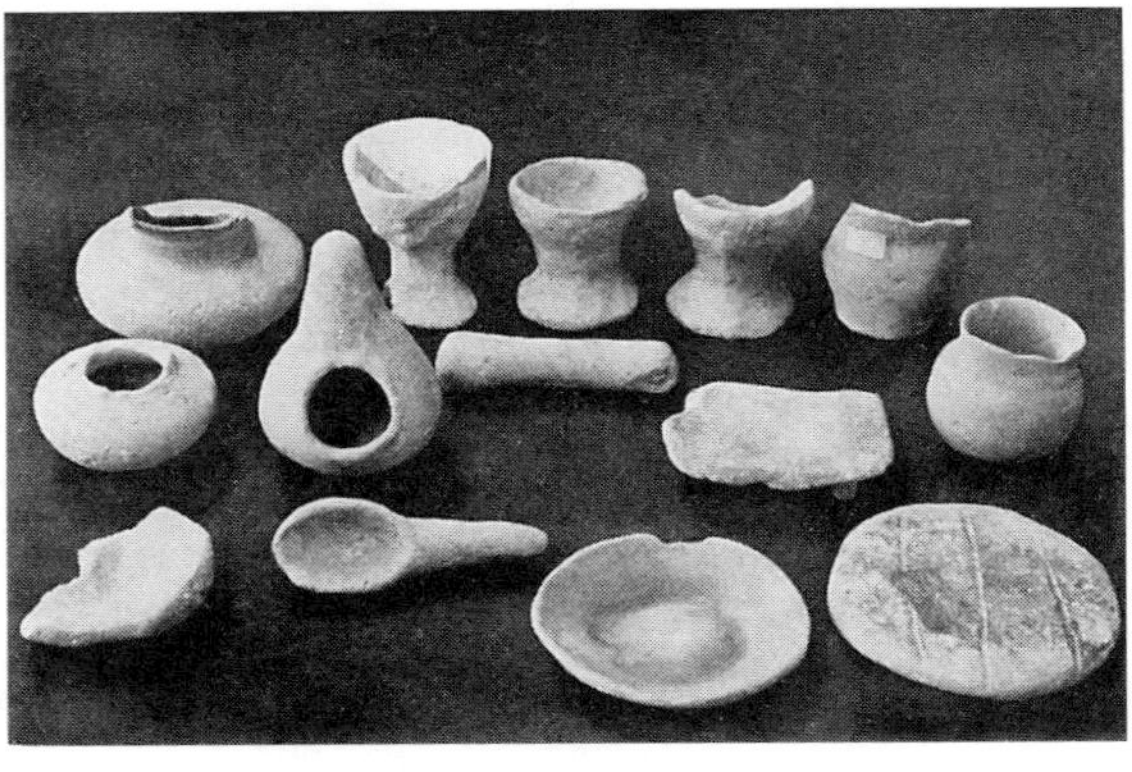

図4　山ノ神遺跡出土土製模造品（大神神社所蔵）

（ホ）子持勾玉。

（ヘ）土馬。

ここでは今日につながる「祭祀遺跡」「祭祀遺物」の用語を体系的に説明しており、昭和十年、大場が提唱した神道考古学は、古墳時代の祭祀遺跡と祭祀遺物を主要な研究対象とする学問領域として定着する。

この後、昭和四十七年から五十一年、大場編『神道考古学講座』（全六巻）が刊行された。全国の祭祀遺跡の概説や宗像《むなかた》沖ノ島祭祀遺跡の発掘調査成果を収める他、亀井正道・金子裕之・椙山林継《すぎやましげつぐ》氏による石製・土製・木製の模造品の論考など、新たな成果を収め、祭祀遺跡・遺物研究の一つの到達点を示している。

そして、平成九年（一九九七）、椙山林継氏は、神道に限らず中国大陸・朝鮮半島を含めた東アジア的な視点を加え、神道考古学を発展させた祭祀考古学を提唱する。神道考古学の新たな展開である。祭祀遺跡・遺物の研究は、ここに受け継がれ現在に至っている。大場が、祭祀遺跡・遺物から復元した上代の祭祀のイメージは、現在まで古代祭祀や神社起源の研究に多大な影響を与えている。

古代祭祀のイメージ

その典型が、『祭祀遺蹟』の以下の内容だろう。

（1）わが国古代の神霊奉祭様式は、けっして後世のごとく一定不変の場所に、恒久的に神々が鎮まりましたのではなく、随時に天上または山上から、招代《おぎしろ》を通じて憑来《ひょうらい》せらるると信ぜられたのであるから、そのために大規模な恒久的な設備を必要としなかった。路傍の樹木や所在の石塊《いしくれ》がこれに充てられ、また、簡単な一種の施設——すなわち祭祀終了後は撤却する——で事足りたのである（『祭祀遺蹟』「第一部祭祀遺蹟の研究、第二章　祭祀遺蹟の考察、第一節　自然遺物を対象とする祭祀遺蹟」）。

（2）すなわち当代人は一定の場所に斎庭《ゆにわ》を選定し樹枝（榊《さかき》のごとき）に石製の剣・玉・鏡を吊し、これを神籬《ひもろぎ》として神霊を招き、その前に多数の土師器や小土器を掘り据え置き並べ、それらの中には御酒《みき》御饌《みけ》を盛り、厳かな祭祀を執行した。終了後祭器具は付近に一括埋納して、汚穢《おわい》に触れぬ措置をとった。第二回も第三回も、同一箇所で執行せられた。そして同じ場所に埋納された。その都度新しい祭器が作られたから、幾回か繰返された時は、多量の祭器が埋納された（同右「結語、第一節　考古学上より観た上代の祭祀」）。

この古代祭祀の描写は、静岡県下田市の吉佐美洗田《きさみせんだ》遺跡など、大場の神道考古学の研究成果から着想を得たものと思われ、現在でも、これにもとづき、古代祭祀のイメージや神社の起源を語ることが多い。たとえば、岡田精司氏の「祭場の一角に神霊を迎えるため磐《いわ》

図５　洗田遺跡出土遺物（國學院大学所蔵）

座《くら》やヒモロギ＝神木があるだけ」（『新編神社の古代史』）という神社の初源に関する説明は、代表的なものだ。祭祀に当たり神霊を神籬などに招き、祭祀が終われば、その施設も撤去するという解釈は、神社の起源を示すものとしてほぼ定説化していると言ってよい。

依代・招代

ただし、ここには幾つかの問題がある。一つは、神は「随時に天上または山上から、招代を通じて憑来せらると信ぜられた」という表現だ。これは折口信夫が『髯籠《ひげこ》の話』で説いた次の「よりしろ（依代）・おぎしろ（招代）」の考え方に基づいている。

◎思わぬ辺りに神の降臨を見ることになると困るから、茲《ここ》に神にとっては、よりしろ、人間から言えばおぎしろの必要は起こるのである。

◎元来空漠《くうばく》散漫たる一面を有する神霊を、一所に集注せしめるのであるから、適当な招《オキ》代《シロ》が無くては、神々の憑《よ》り給わぬはもとよりである。

◎天神は決して常住社殿の中に鎮座在《いま》すものではなく、祭りの際には一旦他処《よそ》に降臨あって、其処《そこ》よりそれぞれの社へ入り給うもので、（中略）神社を以て神の常在の地とするは勿論、神の依ります処とすることも、尠《すくな》くとも天つ神の場合に於いては、我々の従うこと能わざる見解である。

折口は、神霊は祭の場に常在せず、「空漠散漫たる一面を」持ち、これを祀る場合、特定の物「依代・招代」に集中させなければならないと考えたのである。「依代」は、現在でも祭祀と神霊との関係を説明する時、必ずといってよいほど使う言葉である。

しかし、「依代・招代」はあくまで、折口が民俗学的な観察から着想を得て作った学術用語であり、歴史学や考古学の検証、裏付けがなされているわけではない。つまり、「依代・招代」が、古代の神の考え方（神観）や祭祀の形に対応するとは限らないのである。

神籬と榊

これと関連するのが「神籬」の解釈である。大場は、石製の剣・玉・鏡を榊の木の枝にかけ、これを神籬として神霊を招いたと考えた。この根底には、『古事記』天石屋戸の鏡・玉・布を懸けた「五百津真賢木《いおつまさかき》」のイメージがあるように思われる。

神籬は、本当に榊の木を指しているのか。改めて、文献で確認しておこう。

『日本書紀』では次の三ヵ所に「神籬」が記されている。

◎天孫降臨の段（第九段第二）―高皇霊尊《たかみむすびのみこと》、因りて勅して曰《のたま》はく、吾は天津神籬《あまつひもろき》及び天津磐境《いわさか》を起し樹てて、当《まさ》に吾孫の為に斎《いわ》い奉《まつ》らん。汝、天児屋命《あめのこやねのみこと》・太玉命《ふとだまのみこと》は天津神籬を持《たも》ちて、葦原中国《あしはらのなかつくに》に降りて、亦《また》吾孫の為に斎い奉れ。

◎崇神天皇六年条―故、天照大神を以ては豊鍬入姫命《とよすきいりびめのみこと》に託《つ》けまつりて、倭《やまと》の笠縫《かさぬいの》邑《むら》に祭る。仍《よ》りて磯堅城《しかたき》の神籬（神籬、此をば比莽呂岐《ひもろき》と云う）を立つ。

◎垂仁天皇三年三月条と同八十八年七月条、天日鉾《あまのひほこ》の神宝として「熊の神籬一具」。

斎部《いんべ》（忌部）氏の伝承を記した『古語拾遺』には、三ヵ所に記載がある。

◎天孫降臨―因りて又勅して曰く、吾れ則ち天津神籬（神籬は古語に比茂侶伎《ひもろき》）及び天津磐境を起し樹てて、当に吾孫の為に、奉斎ん。汝二神、天津神籬を持て葦原中国に降りまして、亦吾孫の為に奉斎るべし。

◎神祇官八神殿の起源説話―神籬を建立つ。

◎崇神天皇の事績―仍て倭の笠縫邑に就《いた》りて、殊に磯城《しき》神籬を立てて、天照大神、及び草薙剣を遷し奉り、皇女豊鍬入姫命をして斎い奉らしむ。

このほか、『万葉集』に「神名備《かんなび》に紐呂寸（ヒモロキ）立てて斎《いわえ》ども人の心は守りあえぬもの」の和歌がある。

『日本書紀』垂仁天皇紀の「熊の神籬」の実態は分からないが、その他の内容からは神籬は、神祭りのための施設であり、「ヒモロキ」と発音されていたことが分かる。しかし、いずれの記事からも神籬と榊との関係は読みとれない。

ひるがえって、『古事記』天石屋戸の段の「五百津真賢木」を見ると、忌部氏の祖、布《ふ》刀玉命《とだまのみこと》が「布刀御幣《ふとみてぐら》と取り持ちて」と書かれているため、『古事記』編纂者は、あくまでも「五百津真賢木」は、幣帛、つまり神への捧げ物と認識していたと考えるべきである。『万葉集』大伴坂上郎女《おおとものさかのうえのいらつめ》、神を祭る歌「ひさかたの天の原より生れ来る神の命、奥山のさかきの枝にしらか付く木綿《ゆう》取り付けて斎瓮《いわいべ》を斎《いわ》い掘りすえ」の「奥山のさかき」も神への捧げ物として考えてよいだろう。

『釈日本紀』『古事記伝』の解釈

では、いつから神籬と榊は結びついたのか。最古の説は、鎌倉時代、十三世紀に卜部兼方《うらべかねかた》が著した『釈日本紀』の「天津神籬」に対する説明である。

私記に曰く。問う、何物や。今の神祠か。又問う。此を比母呂岐《ひもろき》と謂《い》う其の義如何。答う。未だ詳らかならず。先師の説に之を比母呂岐と謂うは蓋《けだ》し賢木《さかき》の号《な》か。

神籬とは何かの問いに、「今の神祭りの祠に当たるのだろうか、また、ヒモロキと呼ぶのは、今では不明だが、もしかしたら賢木（榊）の名だろうか」との極めて不明確な解答である。『釈日本紀』は、当時の『日本書紀』解釈の集大成だが、そこにおいてすら神籬の意味と実態は、すでにわからなくなっており、神籬＝榊とする明確な根拠を示していな

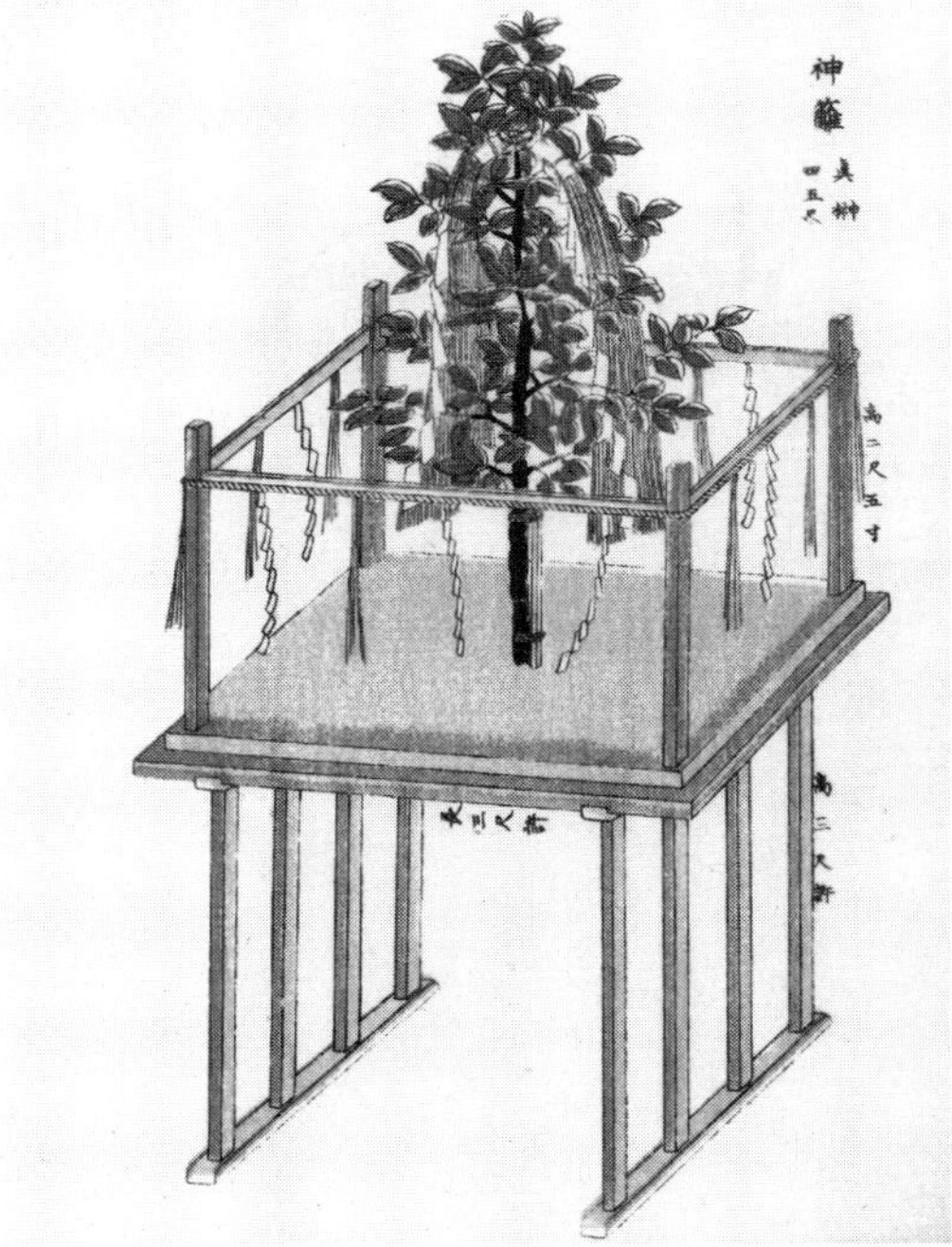

図６　明治８年『神社祭式』「神籬図」（三嶋文庫所蔵，吉永博彰氏提供）

い。

時代は下り江戸時代、国学者の本居宣長は『古事記伝』で類似した説をとなえている。

さて此ノ因《ちなみ》にかの神籬《ひもろぎ》の事を云《いわ》ん。まづ比母呂岐《ひもろぎ》と云物《いう》は、栄樹《さかき》をたてて、其《そ》の神の御室《みむろ》として祭るよりして云名《いう》にて、柴室木《ふしむろぎ》の意なるを、布志《ふし》を切《つづめ》て比《ひ》と云なり、

神籬は「神の御室」、つまり神が籠る榊であり、「ヒモロギ」は「フシムロギ」の「フシ」を「ヒ」と縮めた呼び名で、「ヒモロギ」の「ギ」を「木」と解釈した。

こう整理すると、大場が示した神籬のイメージは、中・近世の古典解釈に折口の「依代」を組み合わせ、祭祀遺跡・遺物の情報を加えて作られていたことが明白だろう。

ところが、中村啓信氏は、『日本書紀』『古語拾遺』の神籬の読み「比莽呂岐・比茂侶伎」で「キ」は「岐・伎」であるのに対し、『記紀』『万葉集』では樹木の「キ」は「紀」で表記すると指摘する。古代の仮名の発音「上代特殊仮名遣《じょうだいとくしゅかなづかい》」では「岐」は「甲類」、「紀」は「乙類」に属し、両者は古代には発音が異なっていた。つまり、「比莽呂岐」の「岐・キ」は樹木を指してはいなかったことになる。そうなると、宣長の「ヒモロギ＝柴室木」との解釈は成立せず、神籬＝榊とする説そのものが成り立たなくなるのである。この「神籬」の実態については、古墳時代の祭祀を復元した後に、本章の最後で考えてみたい。

模造品と祭具

もう一点、大場が描く古代祭祀の場景で問題なのは、祭祀で使う品々「祭具」の内容だ。先に引用した「樹枝（榊のごとき）に石製の剣・玉・鏡を吊し、これを神籬として神霊を招き」の表現が象徴するように、祭祀用の小土器（手捏《てづくね》土器）、石製や土製の模造品は、古墳時代の祭祀を象徴する祭具として扱われてきた。大場の研究を受け継いだ亀井正道も、石製模造品と土製模造品の組み合わせを軸に四世紀から七世紀までの祭祀遺跡の変遷を整理している。

しかし、近年、各地で行われた発掘調査の結果、新たな側面が明らかになりつつある。特に、発掘調査技術の制約があり、従来あまり行ってこなかった低湿地における調査例が増加した結果、古墳時代の祭祀の場では、祭り用の木製模造品以外に機織《はたお》り具や調理具など多様な木製品を使用していたことが判明した。さらに、発掘調査の技術や精度が向上したことで、腐朽し残りにくかった金属製品、特に武器、農工具など鉄製品の発見例が増えてきている。古墳時代の祭祀は、石製・土製の模造品の他に、鉄製品や木製品を使って行われていたと考えざるを得ないのである。

新たな課題

大場は、石製の剣・玉・鏡を榊などの樹木に吊るして「神籬」とし、天上・山上から神霊を招き、その前に土師器・小土器を並べるといった、古代祭祀の場景をイメージした。このような大場が描いた古代祭祀の姿は、今まで見てきたように、中・近世の古典解釈と折口の「依代」を結び付け、それを考古資料でトレースして作られたものであり、必ずしも古代祭祀の実態を示していると言いきれない。近年の発掘調査成果から考えれば、少なくとも、古墳時代の祭祀の場には多くの鉄製品、多種多様な木製品が存在したことは間違いなく、これまでの古代祭祀のイメージ、「依代」にもとづく神観も根本的に再検討する段階にきているといってよいだろう。

新たに加わった考古資料を踏まえた、新たな視点による古代祭祀の復元と歴史的背景の分析、これこそが、「神道考古学」を発展させ東アジア的な視座に立つ「祭祀考古学」に課せられた大きな課題なのである。

祭祀遺跡から古代祭祀を探る

祭祀遺跡と文献史料

人間が、超越的な存在をイメージし、これに対して畏怖《いふ》・信頼・依存・献身・希望などの感情を抱き信じる。この精神活動を「信仰」、超越的な存在を「神」とすれば、「祭祀」は、信仰にもとづき神を対象に行う儀礼行為と定義できる。しかし、物資料の考古資料のみで人間の精神活動である信仰を復元するのは難しい。同様に、神の考え方「神観」や祭祀の内容を、祭祀遺跡の情報のみで復元するには限界がある。そのためには、やはり人間が記した文字の情報、文献史料の助けを借りなければならない。かといって、個別の考古資料を、直接、文献史料の内容と結び付けるのは正しい方法ではない。考古資料と文献史料を結びつけるには、一定の手続きが必要となる。

その説明に入る前に、改めて祭祀遺跡について確認しておこう。「遺跡」とは、竪穴《たてあな》建物や掘立柱建物、古墳など大地に刻まれた過去の人間の活動の痕跡「遺構」と、そこで使われた土器・石器などの「遺物」からなる。祭祀遺跡の場合は、過去の祭祀の痕跡「祭祀遺構」と、その祭祀で使用した「祭祀遺物」で構成される。

では、祭祀の痕跡とは何か。これは一様ではなく、その正確な認定はむずかしい。ただ、多くの場合、祭祀で使用したと考えられる多量の祭祀遺物や土器が集中して出土した状況がこれに当たる。特に、これらの遺物を供えたまま、もしくは供えた後に一括して廃棄した状況を示す遺構を、祭祀遺物や土器の「集積遺構」とする。

また、祭祀遺構には祭祀の痕跡のほか、これと関連する施設、たとえば祭具、供え物を準備した施設の遺構を含む場合が考えられる。遺物も同様で、祭祀で神へと捧げた品々だけでなく、祭祀を執行する上で必要な道具を含むことが予想できる。

古代の神観・祭祀の形を復元するには、まず、これら祭祀に関係する遺跡・遺構・遺物を集め、その年代、遺構・遺物の組み合わせ（組成《そせい》）、地域的な分布や立地条件を整理して一定の傾向を読み取る。その結果を文献史料の情報と比較し、論理的に矛盾しない範囲で、考古資料に意味付けを行い、この内容をもとに祭祀の復元を試みる。この時、民俗学が示す「依代《よりしろ》」による神観・祭祀像を参考とするのではなく、年代が確実な考古資料と、同時代の文献史料とを比較し、そこで一致し整合する点を確認することこそが重要と考える。

考古学の研究には、遺構・遺物を型式《けいしき》（年代的な変化を反映するタイプ）に分類し、その変遷を整理・把握する「編年《へんねん》」という考え方がある。考古資料は、この編年により遺構・遺物の系譜を明らかにし、年代を推定できる優れた面を持っている。考古資料と文献史料の内容が一致し、その考古資料の系譜がさらに古い時代まで辿ることができれば、一致する文献史料の内容は、さらに古く遡らせることが可能となる。この作業を繰り返す中で、古墳時代以前の祭祀の姿と神観が初めて実証的に復元できるのである。そこでまず、祭祀遺跡からは、どのような遺物が出土するのか。これを確認するところから始めよう。

宗像沖ノ島祭祀遺跡

古代の神祇への信仰、のちの神社へ直接つながる祭祀遺跡は、四世紀後半には出現する。その代表例が、玄界灘のただ中にあり、宗像大社奥津宮《むなかたたいしゃおきつみや》の起源となる宗像沖ノ島祭祀遺跡（福岡県宗像市）である。ここの祭祀は、島の南側斜面、標高八〇㍍《メートル》ほどにある巨岩群、中でも標高が最も高いＩ号巨岩で始まった。Ｉ号巨岩の上や周辺からは、多数の銅鏡、鉄製の刀剣、硬玉製勾玉などの玉類、緑色の碧玉《へきぎょく》で作った腕輪が出土し、最も古い段階の祭祀遺跡、十六～十九号遺跡として報告されている。

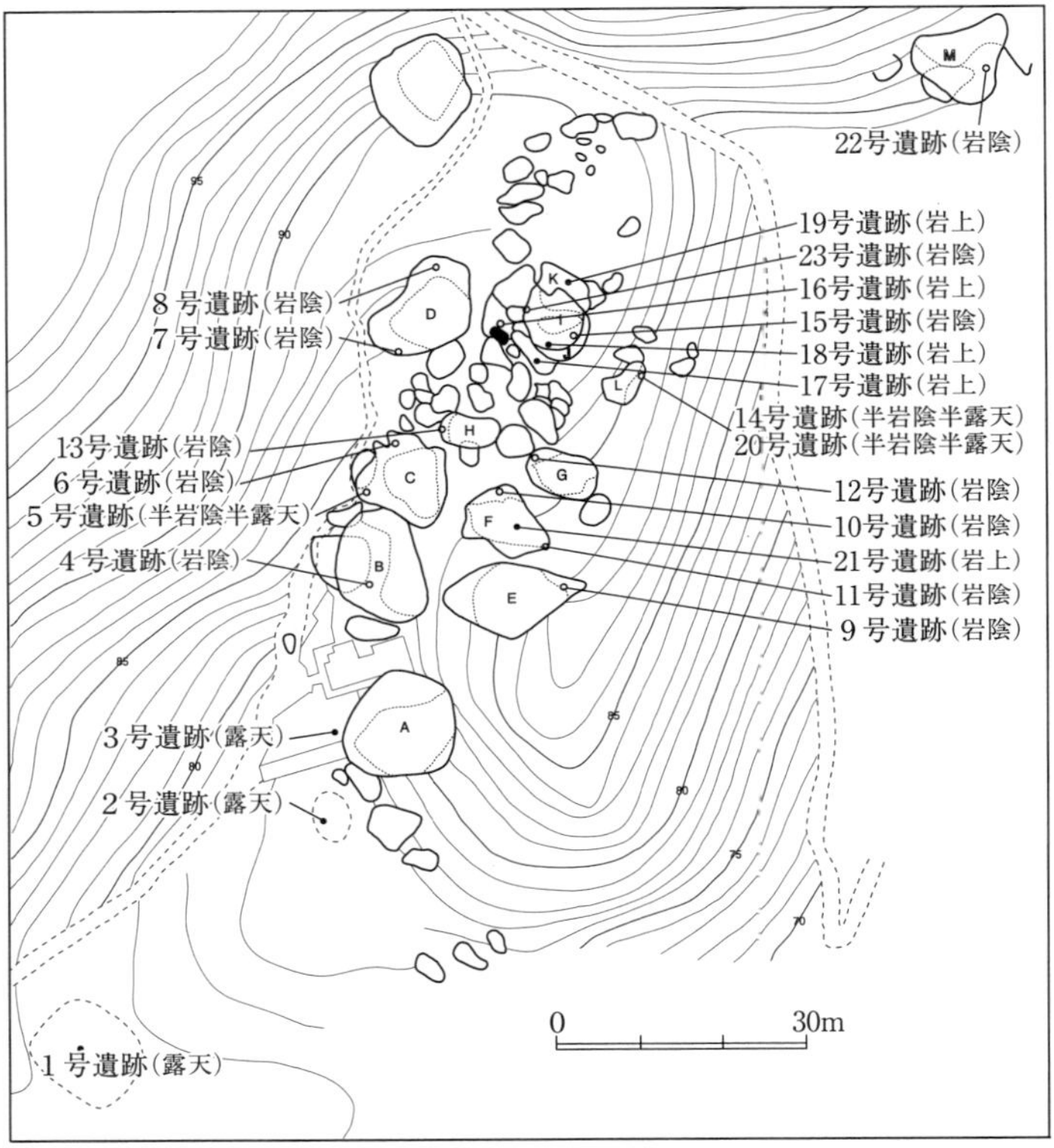

図7　宗像沖ノ島祭祀遺跡配置図（報告書『宗像沖ノ島』より作成）

遺物が豊富な十七号遺跡では、変形方格規矩鏡《ほうかくきくきょう》七枚、変形内行花文鏡《ないこうかもんきょう》三枚、変形三角《さんかく》縁神獣鏡《ぶちしんじゅうきょう》三枚など二一面の銅鏡を中心に、鉄剣六本、有樋剣（刃の部分に溝を刻んだ剣）一本、刀五本の鉄製武器、碧玉製の腕輪の車輪石《しゃりんせき》二点、石釧《いしくしろ》一点、硬玉（翡翠《ひすい》）の

三角縁二神二獣鏡
面径22.2cm　18号遺跡

変形鳥文縁方格規矩鏡
面径27.1cm　17号遺跡

変形魚文帯三角縁神獣鏡
面径20.0cm　17号遺跡

変形半円方形帯方格規矩鏡
面径26.2cm　17号遺跡

図８　沖ノ島17・18号遺跡出土銅鏡（宗像神社所蔵）

図９　沖ノ島21号遺跡祭祀遺構 岩上遺跡（復元）（宗像神社所蔵）

勾玉など玉類が出土した。Ｉ号巨岩の南側にできた岩の隙間へ鉄剣を横に並べ、その上から銅鏡《どうきょう》が丁寧に置かれたように出土した。祭祀の最終段階に、これらの品々をＩ号巨岩へと納めた状況を推定できる。

この後、五世紀前半から中頃に沖ノ島の祭祀は大きく変化する。遺跡の場所は、Ｉ号巨岩の南、Ｆ号巨岩上の二十一号遺跡に移る。巨岩上に岩を並べて二・八《メートル》×二・五《メートル》の四角い区画を作り、中央に長さ一・一メートル、幅八〇センチ、厚さ五〇センチの岩を置いている。この区画内から多数の遺物が出土した。

　内訳をみると、銅鏡は獣帯鏡《じゅうたいきょう》などの破片が四片、背面に模様がない祭祀用の素文鏡《そもんきょう》が一面と数は少なくなる。一方で、鉄製の剣が一〇本以上、刀が一八本以上、衝角付《しょうかくつ》き冑《かぶと》（正面に突起を付けた冑）一点、鉄鏃《てつぞく》（鉄の鏃《やじり》）二〇本以上、刀子《とうす》（小刀）九本、斧《おの》七本、鋳造した鉄斧二本、鎌二本と明らかに鉄製の武器・農具・工具の数が飛躍的に増加している。この他、鉄製品には、刀、斧、鑿《のみ》を模《かたど》った小型の鉄製模造品、鉄素材の鉄鋌《てってい》（鉄の延板）がある。さらに、軟らかな滑石《かっせき》で作った祭祀用の石製模造品が新たに加わる。鏡を模った有孔円板、小さな剣の形をした剣形、玉類には勾玉と管玉、ビーズ玉が原形の臼玉《うすだま》、小さな勾玉を複数つけた子持勾玉である。

　宗像沖ノ島の祭祀は、五世紀前半から中頃にかけて、場所を移しただけでなく、使用する品々を、銅鏡を中心とした内容から、鉄製の武器、農・工具、鉄鋌と石製模造品の組み合わせへと大きく変化させていたのである。

祭祀遺跡と鉄製品・須恵器

　鉄製品と石製模造品という組み合わせは、沖ノ島祭祀遺跡に限ったものではない。同じ遺物が出土する祭祀遺跡は、同時期、日本列島内の各地で一斉に確認できるようになる。

その祭祀遺跡は、東北地方から九州まで広く分布する。五世紀中頃（大阪府陶邑窯須恵《すえむらよう》器ＴＫ二〇八型式段階）までに、鉄製品と石製模造品を伴う祭祀遺跡が日本列島内で明確に確認できるようになる。この遺物の組み合わせは、五世紀代の祭祀を特徴づけると言ってよい。

鉄製品には刀剣、鏃、鉾《ほこ》の武器、鋤先《すきさき》、鎌、斧、鉇《やりがんな》、刀子といった農・工具類がある。これに鉄素材の鉄鋌、斧形など鉄製模造品が加わる点も沖ノ島二十一号遺跡と共通する。鉄鏃は、刃の根元の部分（頸《けい》）が長い長頸鏃《ちょうけいぞく》、鋤先は全体が「Ｕ」字形をしたもの、鎌は刃が大きく曲ったタイプである。いずれも、五世紀代、新たな鍛冶《かじ》技術で作られた最新の武器、農具である。これら武器、農・工具の原材料、鉄素材の「鉄鋌」も、列島内で鉄生産が始まっていなかった五世紀当時にあっては朝鮮半島から輸入しなければならない貴重品であった。奈良市の大和六号墳からは大小八七二枚の鉄鋌がまとまって出土しており、五世紀代、大和王権は鉄鋌を朝鮮半島から輸入し大量に集積していたと考えられる。

また、五世紀代の祭祀遺跡では素焼きの土師器だけでなく、高杯《たかつき》や酒を注ぐ𤭯《はそう》、酒を入れたであろう壺・大甕《おおがめ》といった初期の須恵器が使われた。須恵器は、四世紀末期、大阪府南部の陶邑周辺の窯で焼き始めた灰色の堅い焼き物で、朝鮮半島から新たな技術導入がなされ生産が始まった。須恵器の技術導入と生産にも大和王権が関与していたと考えられている。

そうすると、日本列島各地に残る、五世紀代の祭祀遺跡には、大和王権から最新の鉄製品や鉄素材、須恵器といった品々がもたらされていたことになる。

ならば各地の祭祀は、大和王権が行ったのだろうか。話は、そう単純ではない。五世紀の祭祀遺跡の例を見ると、鍛冶炉の跡や鍛冶作業で出る

祭祀の執行者

鉄滓《てっさい》、鉄片が出土した遺跡がある。これは、恐らく鉄鋌を加工し、簡単な斧形など鉄製模造品を作った痕跡と考えられる。また、石製模造品を作るための滑石《かっせき》の原石、製作途中に出る滑石の剝片や製作途中の未製品が出土した遺跡が複数ある。東国の千束台《せんぞくだい》遺跡（千葉県木更津市、集落内の祭祀遺跡）と西国の出作《しゅっさく》遺跡（愛媛県伊予郡松前《まさき》町、水辺の祭祀遺跡）は、その典型例である。未加工と加工途中の鉄鋌、鍛冶関係の遺構・遺物とともに、石製模造品の製作に伴う遺物が出土している。この事実から、これらの祭祀遺跡では、列島内の東西を問わず、祭祀に先立ち使用する鉄製模造品や石製模造品を祭祀の場近くで製作しており、現地で祭祀の準備を行っていたと考えられる。

これと関連して、最近、宗像沖ノ島二十一号遺跡で新たな事実が明らかになった。宗像大社の西側、現在の福津市には、宗像の神を祀る一族、宗像君《むなかたのきみ》の墓域とされる津屋崎《つやざき》古墳群がある。その最古の前方後円墳（全長一〇〇㍍）が、五世紀中頃の勝浦峯ノ畑古墳で

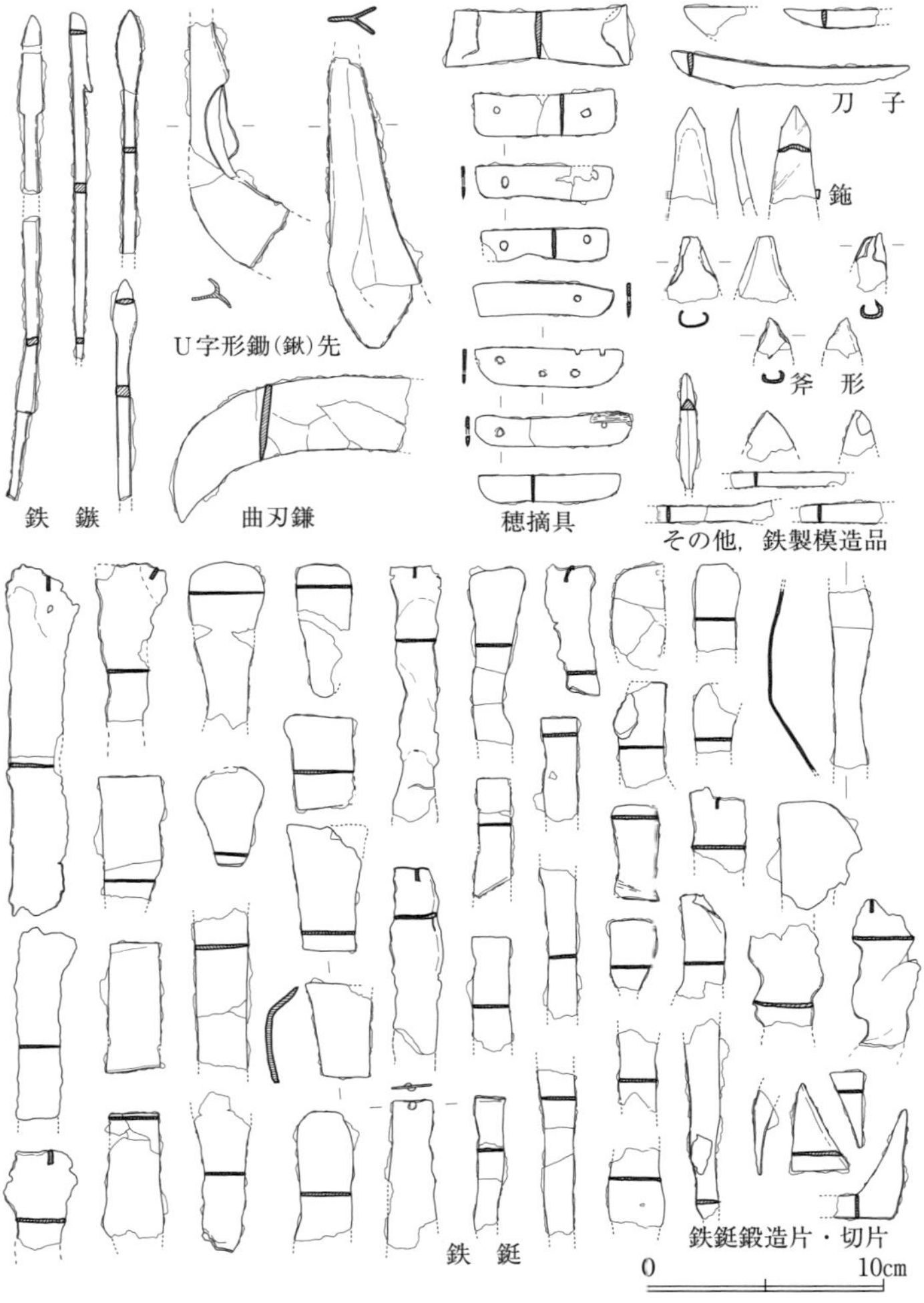

図10　千束台遺跡祭祀遺構出土鉄製品実測図（木更津市教育委員会提供のデータに著者の実測図を加えて作成）

ある。沖ノ島二十一号遺跡と同時代の古墳で、ここからは「画文帯同向式神獣鏡《がもんたいどうこうしきしんじゅうきょう》」が出土している。この鏡が、二十一号遺跡から出土したと伝えられる銅鏡と同形鏡である事実を、沖ノ島祭祀遺跡の発掘担当者の一人、小田富士雄氏は指摘する。つまり、宗像氏の五世紀代の祖先の古墳と、同時期の沖ノ島二十一号遺跡は、同じ鏡を互いに分けあって持つ関係にあったことになる。

また、沖ノ島出土の石製模造品の原石について、石製模造品を研究する篠原祐一氏は、二十一号遺跡の段階から北九州産の石材を使い始めた可能性を指摘する。これは、他の祭祀遺跡で鉄製・石製模造品を製作していた事実と共通し、五世紀代、祭祀の執行は、準備段階から地元の人々が行っていたことを反映していると考えられる。そして、沖ノ島二十一号遺跡と勝浦峯ノ畑古墳が同形鏡を分けあい保有していた点から、その祭祀には勝浦峯ノ畑古墳に埋葬された地域の首長が関与したと考えるべきだろう。

五世紀前半から中頃、全国各地に展開し始める祭祀は、大和王権から貴重な鉄製品や鉄鋌、初期須恵器の提供を受けながら、地域の首長と人々が執行していたのである。

木製品と土製模造品

鉄製品・石製模造品以外では、近年、明らかになってきたのが木製品の存在である。木製品がまとまって出土した、五世紀代の祭祀遺跡の例としては静岡県浜松市の山ノ花遺跡と奈良県御所市の南郷大東《なんごうおおひがし》遺跡がある。

山ノ花遺跡では、木製の矢板で護岸した大溝内から石製模造品・子持勾玉《こもちまがたま》などと一緒に木製品が出土した。大溝に面して行った水の祭りの跡と考えられる。また、南郷大東遺跡は金剛山の東麓斜面にあり、水路を堰《せ》き止め水を木樋《もくひ》に通して水槽に溜める「導水遺構」が発見された。導水遺構は小さな建物の中にあり、周囲は垣で遮蔽されていた。金剛山から流れ出る水を汲み取り祭りが行われていた可能性が高い。

この二遺跡から出土した木製品は、刀を模倣した「刀形」など明らかに祭祀・儀礼用と判断できるもの以外に、実用の道具類を多く含んでいた。これらは、祭りの場から出土したとはいえ、実用品であるため本当に祭りと関わって使ったものかは断定できない。そこで、明らかに祭祀用に作られた土製模造品とこれらの木製品の種類を比較し、祭祀との関係を確認しておこう。

比較するのは、静岡県磐田市明《みよう》ヶ島《がじま》古墳群五号墳（以下、明ヶ島五号墳）の墳丘の下（下層）から出土した土製模造品群である。明ヶ島五号墳は、出土した須恵器の型式（陶邑TK二〇八型式）から五世紀中頃の築造と推定できる方墳である。この墳丘を発掘調査で削り、古墳を築く以前の地表面を露わにしたところ、そこから約二七〇〇点の土製模造品が発見された。古墳は五世紀中頃には築かれていたので、土製模造品の年代は少なくとも五世紀前半となる。

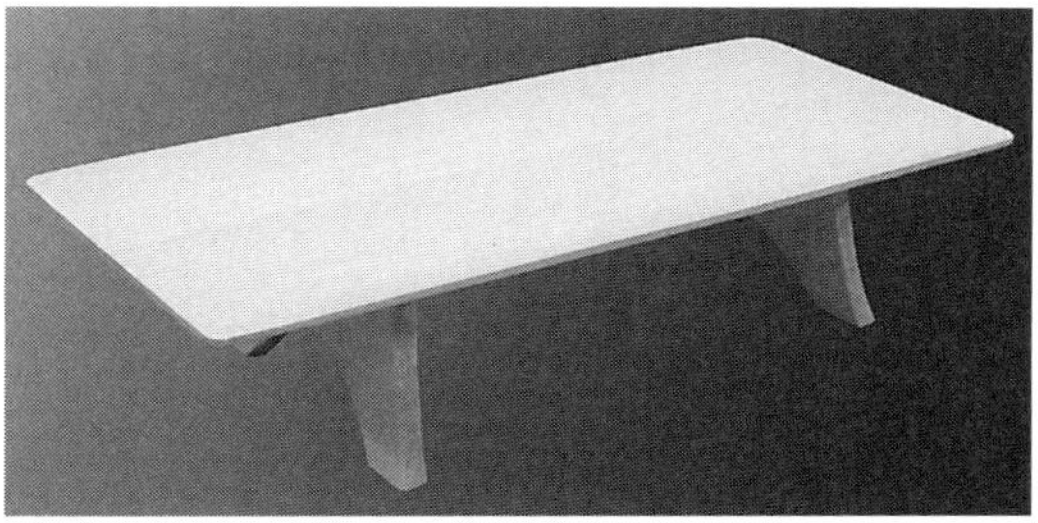

図11　山ノ花遺跡復元木製案（國學院大學神道資料館所蔵）

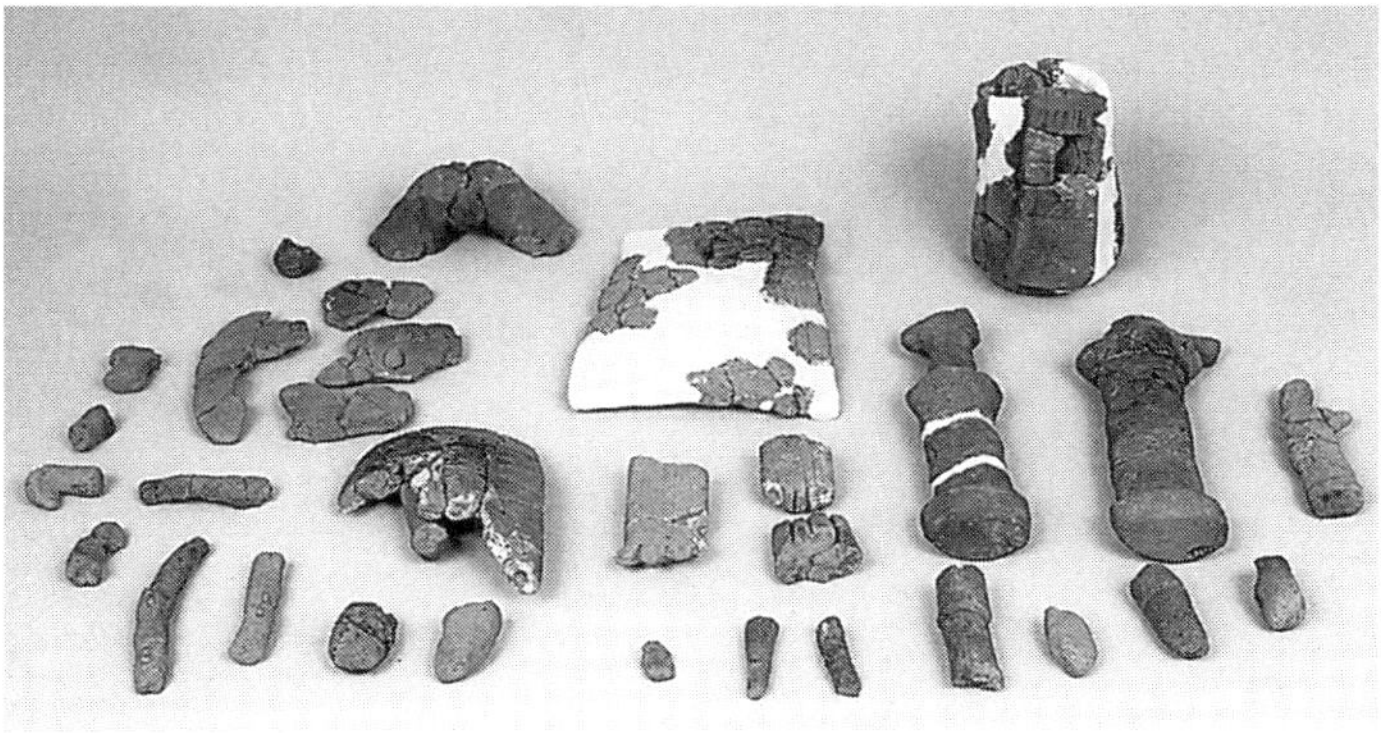

図12　明ヶ島古墳群出土土製模造品（磐田市教育委員会所蔵）

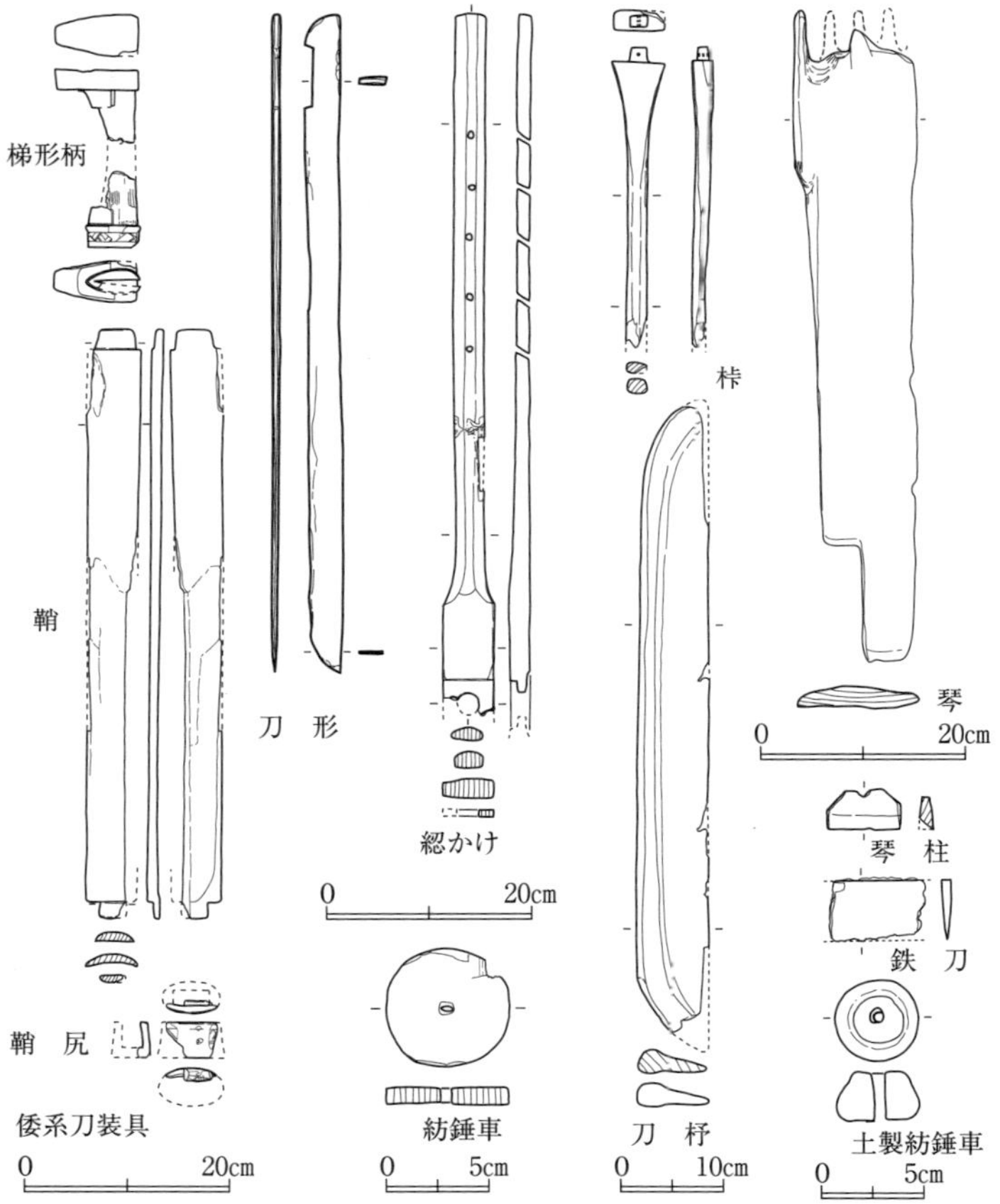

図13　山ノ花遺跡出土木製品実測図（『山ノ花遺跡　遺物図版編・木器編（図版）』浜松市教育委員会　1998）

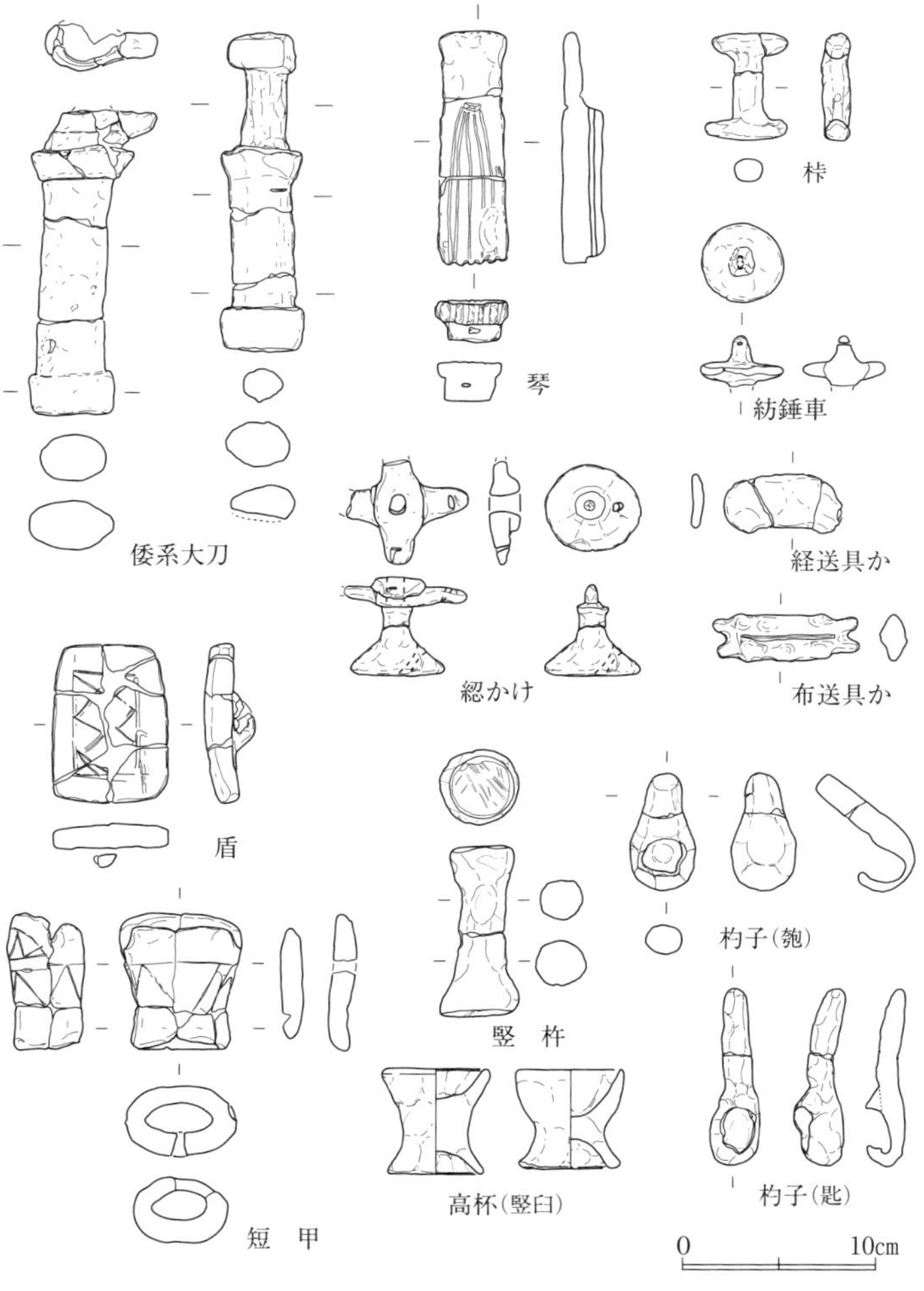

図14　明ヶ島5号墳下層出土土製模造品（『東部土地区画整理事業地内埋蔵文化財発掘調査報告書』磐田市教育委員会　2003）

土製模造品は、粘土を細工し素焼きにしたもので、大きさは数センチから十数センチと小さく明らかに実用ではなく祭祀・儀礼用に作られたと判断できる。したがって、ここで模倣された品々は、当時の祭祀・儀礼で必要な品々であったと考えられ、この土製模造品の内容と、祭祀遺跡から出土した木製品の種類を比較すれば、木製品と祭祀との関係が確認できる。そこで、山ノ花・南郷大東遺跡の出土遺物と明ヶ島五号墳下層の土製模造品を用途別に比較したのが次の表である。

明ヶ島五号墳下層の土製模造品は、人形を含めた多様な品々を含むが、表を見ると、山ノ花・南郷大東遺跡と鏡や玉類以外に、武器・武具、農・工具、紡織具《ぼうしょくぐ》、楽器、器財類で共通した品目を確認できる。

共通する品々

武器・武具は、木製品では倭風の大刀「倭系大刀」の柄《つか》と鞘《さや》がある。柄は筒形や先端(柄頭《つかがしら》)に梯形《ていけい》(台形)の飾りが付くもので、鞘は太い特徴的な形である。土製模造品は、これを忠実に模倣しており、さらに弓と盾が木製品と土製模造品で共通する。

農・工具は、木製品に鋤・鍬、鎌、斧の柄があり、土製模造品は鋤鍬、鎌、斧そのものを模倣する。紡織具では、繊維に撚りをかけ糸に紡ぐ「紡錘車」、糸を巻き取り糸の束「綛《かせ》」を作る「桛《かせい》」、綛をかけ回転させ糸を引きだす「綛かけ」、機織りで緯《よこいと》を打ち込む「刀杼《とうじょ》」が、木製品と土製模造品で確認できる。

表　5世紀代祭祀遺跡の出土遺物対応

	南郷大東遺跡出土遺物	山ノ花遺跡出土遺物	明ヶ島5号墳下層出土土製模造品
装身具等	滑石製有孔円板（単孔・双孔）・勾玉・管玉，瑪瑙製勾玉，竹製竪櫛	滑石製有孔円板・子持勾玉・勾玉・偏平勾玉・管玉，緑色瑪瑙製勾玉，瑪瑙製丸玉，水晶製丸玉，ガラス製勾玉・小玉，竹製竪櫛	鏡・勾玉・管玉・小玉・指輪・耳環・腕輪
武器・武具	木製刀剣柄縁・刀剣鞘・鞘尻・盾・弓・刀形・剣形・鏃形・鳴鏑形？，滑石製剣形・剣形未製品	鉄刀片，木製大刀柄・鞘・鞘尻・弓・刀形・剣形・鏃形，滑石製剣形	大刀・剣・弓・矢・靫・甲冑・盾・鞆
農　具	木製鍬柄・鎌柄・穂摘具？	木製叉鍬・平鍬・鍬柄・横鍬・鋤・鎌柄・大足	鍬鋤・鎌
工　具	木製斧柄	木製斧柄・刀子柄	縦斧・横斧・短柄斧
紡織具	木製桛台・綛かけ・桛・中筒？・腰当，石製・土製紡錘車	木製桛・桛台・綛かけ・桛・刀杼・織機部材・腰掛・腰当・中筒？，木製・土製紡錘車	紡錘車・桛・綛かけ・刀杼・布送具？
楽　器	木製琴・琴柱	木製琴・琴柱	板琴・槽琴・棒琴・縦笛・横笛
威儀具	木製翳形	木製儀杖・蓋	杖・蓋
器財等	木製案（机）・椅子・臼？・竪杵？・横槌・掛矢・櫂・天秤棒，木錘，火鑽臼・杵？，下駄	木製案（机）・案足（机台）・櫂・横槌・鉤状吊手・編台・杓子・竪杵，木錘，火鑽臼・杵	案・槌・臼，杵，杓子，匏，スプーン，土錘，櫂，ベンチ状品，把手状品，板，棒，円錐状品
容器類	土師器甕・壺・坩・高杯，須恵器杯蓋・身・高杯・器台・壺・𤭯？・把手付碗，韓式系土器壺・𤭯・高杯・甑・鉢？，製塩土器，木製舟形容器・槽，籠・箕？	土師器甕・壺・坩・高杯，須恵器杯蓋・身・高杯・壺・𤭯・甕・甑・器台，木製槽・曲物・箱物	コップ状容器・椀・皿・高杯・壺・甕・蓋
その他	木製舟形・陽物形・幣形？	木製舟形	舟，人（武人・男性・女性・中性・子供），動物・貝（猪，犬，水鳥，鶏，トコブシ，ヒオウギ），陽物，スタンプ状品

楽器は琴、道具・器財は、物を置く机の「案《あん》」、食物を加工・調理する臼《うす》・杵《きね》、杓子《しやくし》、匏《ひさご》が一致する。

これら祭祀用の土製模造品と共通し、五世紀の祭祀の場から出土した木製品類は、当時の祭祀を行う上で必要な品々であったと考えてよいだろう。

祭祀用具の構成

明ヶ島五号墳下層の土製模造品の内容に、五世紀代の祭祀遺跡から出土した遺物を加えると、五世紀代の祭祀で必要とされ使われた品々が明らかとなる。その品々は、以下のとおりにまとめることができる。

◎武器・武具→刀剣、弓・矢、矛・槍、盾、甲冑。

◎農・工具→鋤鍬、鎌、穂摘具、斧、刀子、鉇。

◎鉄素材→鉄鋌。

◎銅鏡→珠文鏡《しゆもんきよう》、素紋鏡など。

◎玉類→勾玉、管玉、ガラス小玉など。

◎紡織具→紡績具（紡錘車、桛、椯《たたり》、綛かけ）、機織り具（刀杼など）。

◎楽器→琴。

◎模造品→石製品（鏡形・有孔円板、剣形、勾玉・子持勾玉、臼玉など）、鉄製品（斧形など）、木製品（刀形、船形など）、土製品（鏡形、勾玉形、人形など）。

◎器財類→案、臼・杵、杓子、匏、火鑽臼《ひきりうす》。
◎容器類→須恵器《すえき》甕《かめ》・高杯《たかつき》・杯《つき》・𤭯《はそう》、土師器杯・鉢・高杯・甕、手捏《てづくね》土器、木製容器。

武器では多くの祭祀遺跡から鉄鏃が出土するため矢が存在していたはずで、木製品と土製模造品の検討結果から推定すれば、木製品が残っていなかった遺跡でも弓があった可能性は高い。祭祀の場には弓・矢がセットで用意されていたと考えられる。また、明ヶ島五号墳下層の土製模造品には明らかに衝角付き冑と短甲《たんこう》を表現したものがあり、宗像沖ノ島二十一号遺跡の衝角付き冑に対応する。このほか、群馬県渋川市、榛名山の噴火に関連する祭祀遺跡、宮田諏訪原《みやたすわばら》遺跡（「古代の富士山信仰と火山祭祀の系譜」参照）からは挂甲《けいこう》の小札《ざね》が出土している。五世紀代、祭祀の場には、場合によって甲冑が用意されていたと推定できる。

紡織具では、山ノ花遺跡からは、麻などの繊維をさく「椯」と思われる木製品、機織《はたお》りの腰当てが出土している。機織りで縦糸の間に挟む中筒と思われる部材は、山ノ花遺跡のほか、やはり水辺の祭祀遺跡である兵庫県神戸市の白水《しらみず》遺跡の出土遺物で見ることができる。さらに、明ヶ島五号墳の土製模造品には、機織りで縦糸と布を送る部品を模倣したものがある。祭祀の場やその周辺には、糸を紡ぐところから布に織り上げるまでの一連の道具が用意され使われていた。そして、五世紀代の祭祀遺跡で木製品は残らないが、石製紡錘車が出土した遺跡は、出作遺跡などのように多くあり、同様の状況を推定できよう。石製・鉄製模造品が祭祀の場周辺で作られたのと同様、これら紡織具は祭祀で使う布（布帛《ふはく》類）を製作したと思われる。

調理具と高床倉

祭祀遺跡では、飲食物を供えたと思われる土師器の高杯、杯、坩《かん》（小壺）・甕を、一定の意図のもと大量に並べ置いた、「土器集積遺構」が確認されることがある。その一つ千束台遺跡の祭祀遺構では、木柱を立てた痕跡があり、西側に須恵器の大甕を据え、周囲に五六〇点以上の土師器、六九点の手捏土器を重ねて置いた状態が、そのまま保存されていた。この遺構は、六世紀代の古墳にパックされた状態で発見され、五世紀代の祭祀終了直後の状況を今に生々しく伝えてくれる。土師器には新旧の型式があり、一定期間、祭祀が新しい器を加えながら続けられた状況を推測できる。須恵器の大甕には酒を入れ、土師器の高杯や杯には食べ物を盛り供えたのだろう。そう考えると五世紀の祭祀の場から出土する杵・臼、杓子などの調理具や火鑽臼は、祭祀の場近くで食材を加熱・調理し供える酒食を用意していた可能性が考えられる。

これと関係するのが製塩土器の存在だ。南郷大東遺跡と白水《しらみず》遺跡（兵庫県神戸市、水辺の祭祀遺跡）では製塩土器が出土し、瀬戸内海の島の祭祀遺跡、魚島大木《うおしまおおき》遺跡（愛媛県越智郡上島町）でも製塩土器の師楽式《しらくしき》土器が出土している。祭祀の場に製塩土器が持ち込ま

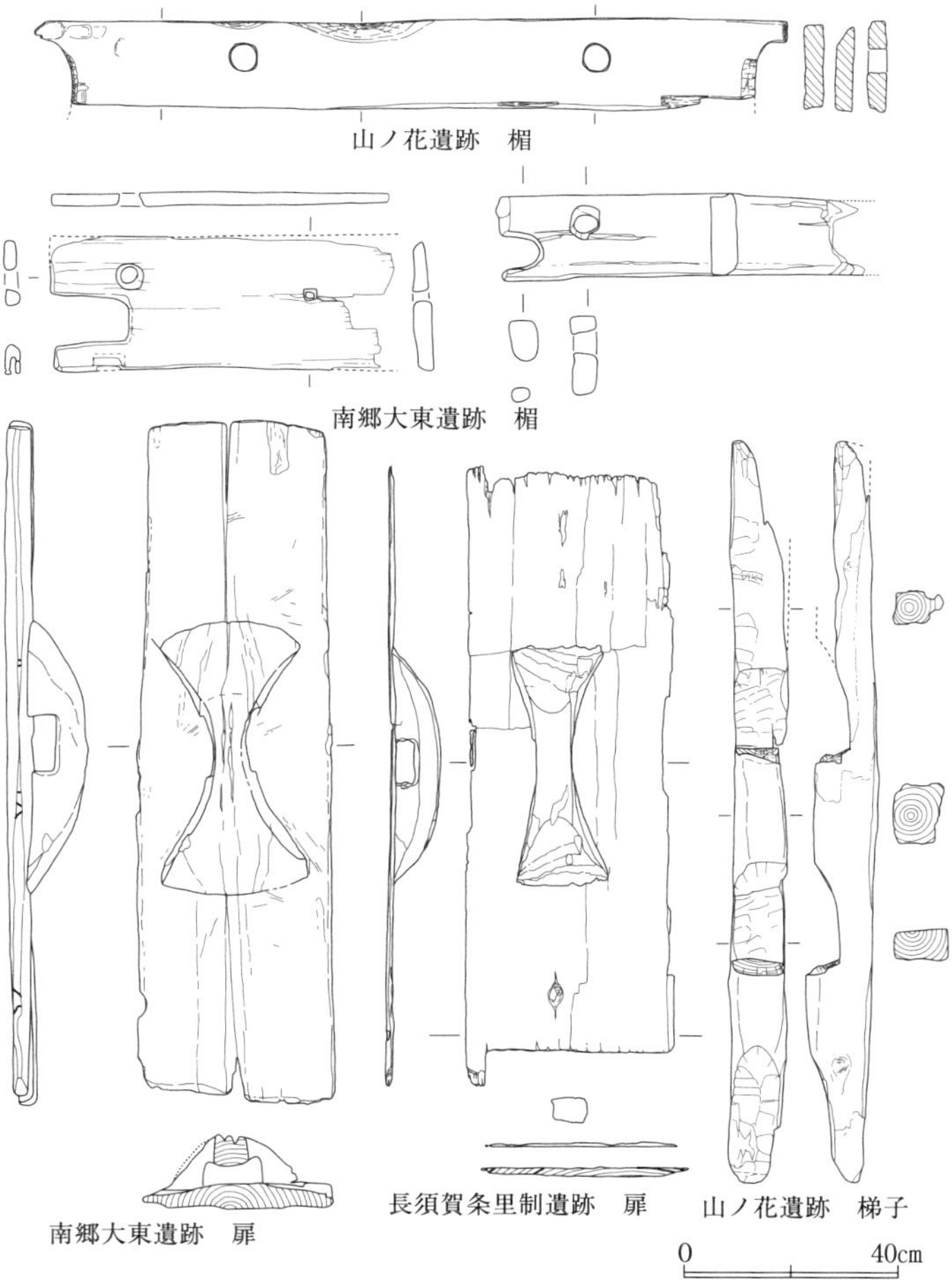

図15　祭祀遺跡出土の高床倉部材実測図

れていたのである。すでに五世紀代から祭祀と塩との関連を指摘できよう。

この他、五世紀の祭祀遺跡から建物の建築部材が出土し、祭祀の場には建物が存在した可能性が高い。南郷大東遺跡では門穴《かんぬきあな》を削り出した扉材と、これをはめ込む楣材《まぐさざい》が、山ノ花遺跡からは楣材と梯子《はしご》材が出土し、さらに千葉県館山市の長須賀《ながすか》条里制遺跡（水田の用水路と周辺の沼地から祭祀遺物・土器類が集中して出土）では門穴付きの扉材が出土した。これら部材からは門で扉を施錠し封できる高床倉《たかゆかぐら》の存在が推定でき、五世紀代の祭祀の場は、場合によっては高床倉が建つ景観を推定する必要があるだろう。

飾り大刀と馬具

ただし、ここで取りあげた五世紀代の祭祀遺跡は、多くが六世紀前半には消滅にむかってしまう。五世紀中頃から後半に日本列島内で一斉に展開した祭祀は、六世紀前半頃、一時的な中断を余儀なくされたと考えられる。しかし、その後、六世紀後半から七世紀には列島内で祭祀の痕跡が再び明確に認められるようになる。

そのような遺跡の一つが、宗像沖ノ島祭祀遺跡で六世紀代を代表する七号遺跡だ。五世紀代の二十一号遺跡がのるI号巨岩の西側、D号巨岩の南側岩陰に位置する。岩陰には刀剣、鉾、矢、盾、甲冑、鏡、玉類といった五世紀の祭祀と共通する品々が岩陰に整然と並べられていた。特に、鉄製刀剣の近くからは、鉄芯に銀を張った捩《ねじ》り環頭《かんとう》と水晶製の三輪

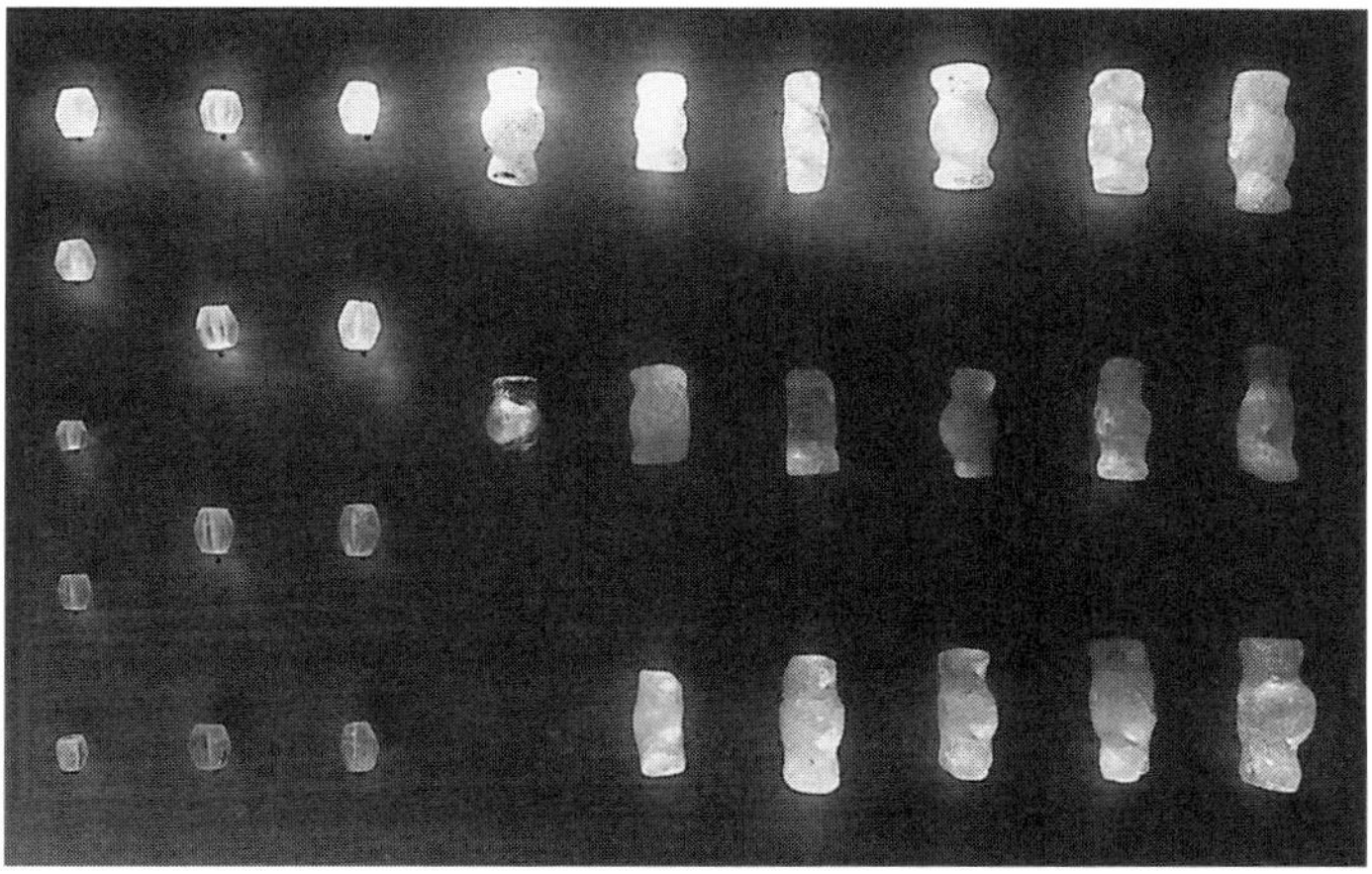

図16　沖ノ島7号遺跡出土水晶製三輪玉（右）と切子玉（宗像神社所蔵）

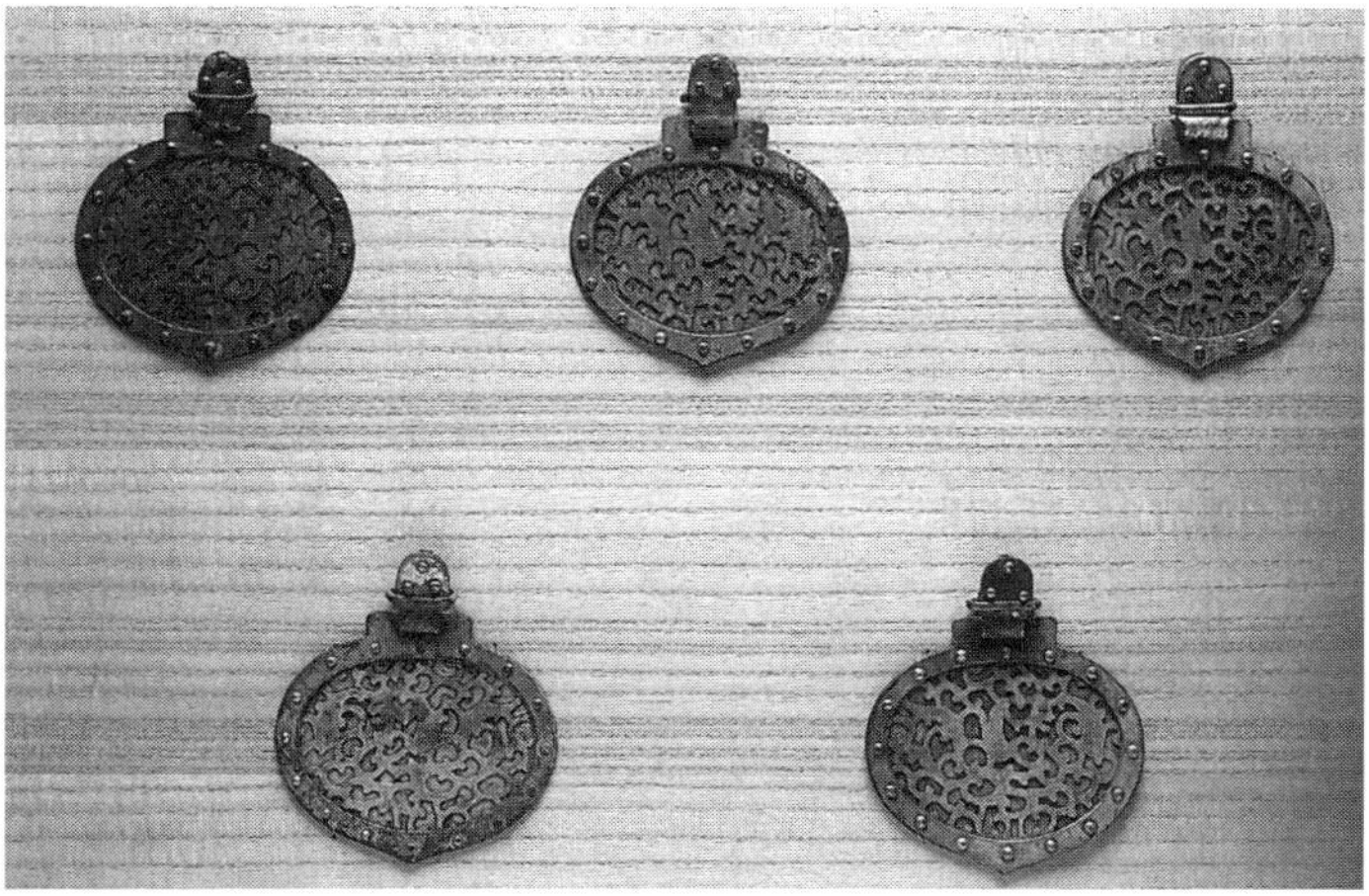

図17　沖ノ島7号遺跡出土金銅製杏葉（宗像神社所蔵）

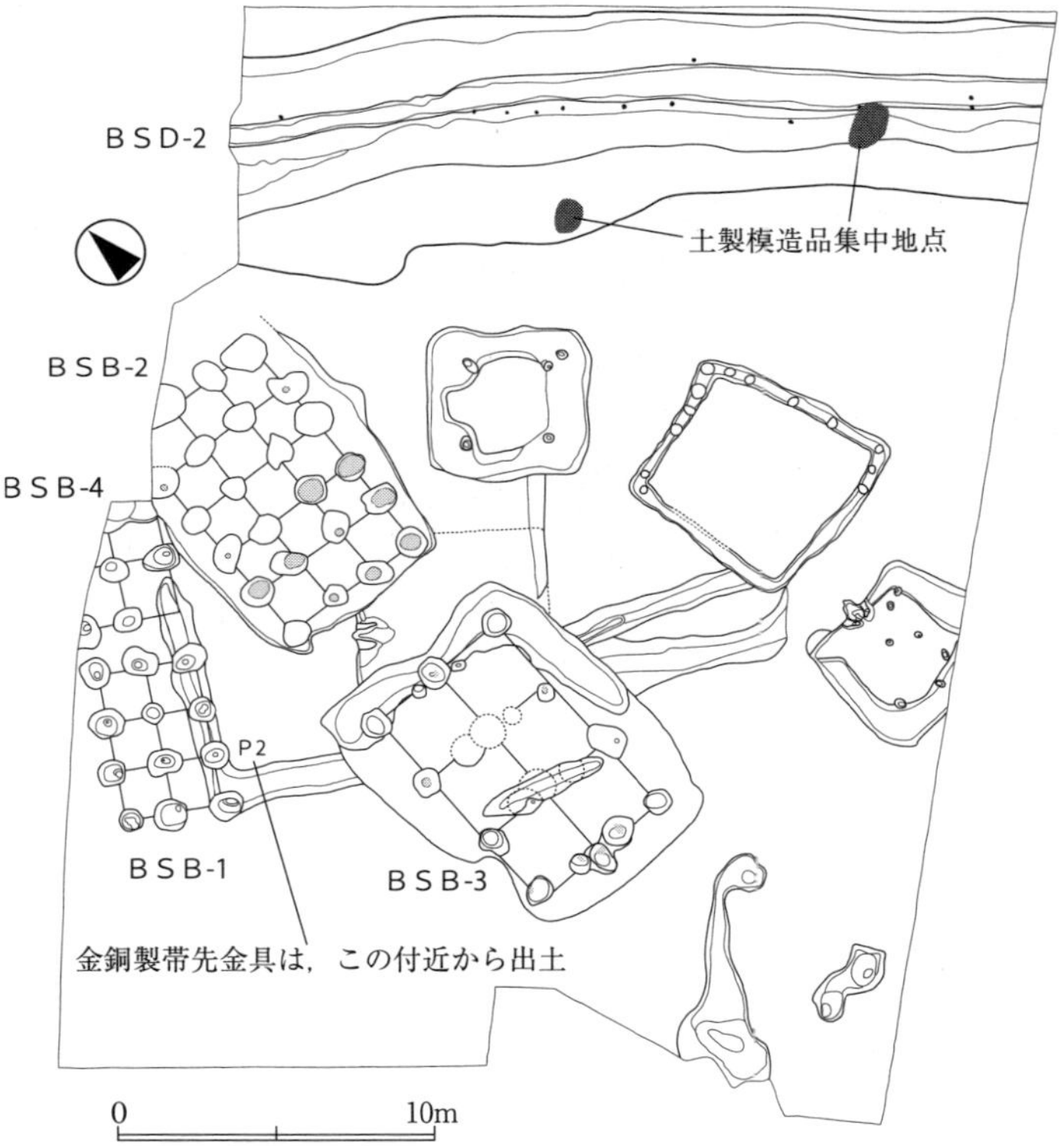

図18　東田遺跡遺構図（『館山市東田遺跡』（財）千葉県教育振興財団　2006）

玉が出土した。これらは倭系刀装具の柄を飾った部品であり、出土状況から、倭系刀装具で飾られた刀剣は少なくとも二本はあったと考えられる。この系譜は、奈良県斑鳩町の藤ノ木古墳の飾り大刀を経て伊勢神宮の玉纏《たままきの》大刀《たち》・須賀利《すがりの》大刀へとつながる。矢を入れる胡籙《ころく》の部品も出土した。組紐や綾の痕跡が残り、飾り大刀と同様、装飾性の高いものである。

これに加えて、七号遺跡には、鞍《くら》・杏葉《ぎょうよう》・雲珠《うず》からなる金色に輝く金銅装の馬具が置かれていた。馬具は、六世紀後半には東国の祭祀遺跡からも出土する。千葉県成田市南羽島遺跡群中岫《なかのごき》第1遺跡F地点ユニット6からは、土製鋤先形、鉄製鎌形といった祭祀用の模造品とともに鉄製轡《くつわ》が出土し、同県館山市の東田遺跡からは馬具の部品と思われる金銅製の帯先金具が出土した。東田遺跡は、人工的に掘られた大溝内から鈴鏡《れいきょう》を含む鏡、有孔円板、鋤先、斧、勾玉などの土製模造品が一九〇点以上出土し、大溝に面して高床倉が建っていた。帯先金具は、その近くから出土している。年代は六世紀後半から七世紀前半、溝に面する祭祀の場である。宗像沖ノ島に限らず、六世紀後半までに祭祀の場には馬具が持ち込まれるようになっていたのである。

六・七世紀の展開

六・七世紀代の祭祀用具の組み合わせは木製品を含め、島根県松江市前田遺跡の出土遺物から明らかにできる。この遺跡は、古代の出雲国意宇《おう》郡内、意宇川の支流に面する祭祀の場である。この意宇川支流の川岸を石で護岸しており、その周辺から多量の遺物が出土した。やはり川に面する水に関わる祭祀の場と考えられる。意宇川沿いには、出雲大社とともに出雲を代表する古社、熊野大社が鎮座する。

前田遺跡では五世紀後半頃に祭祀が始められたようだが、出土した土師器・須恵器の年代の中心は六世紀から七世紀前半である。木製品をまとめると、武器類（刀の装具）、模造品（刀形）、農具（又鍬・鋤鍬未製品、鎌の柄）、紡織具（綛《かせ》かけ、管大杼《くだおおひ》）、楽器（琴）、器財類（案、杵、槌、火鑽臼、木錘・編台、槽）となる。これに門穴を持つ扉材と梯子材が一緒に出土した。製塩土器もあり、五世紀代の遺物の組み合わせを、基本的に継承しているとみてよい。

なお、紡織具の「管大杼」は、刀杼に横糸を装着し、横糸を縦糸に通しながら同時に打ちこみができるよう工夫した新しい機織り具だ。伝宗像沖ノ島出土の金銅製機織りと同じ「地機《じばた》」とセットで使用した。六世紀後半、前田遺跡の祭祀の場では新式の地機を用意し使用していたことになる。

さらに、ここからは移動式の置き竈《かまど》も出土した。のちの『延喜式』で「韓竈《からかま》」とされるもので、野外で熱効率よく煮炊きができた。この時代、五世紀の伝統を受けつぐ一方で

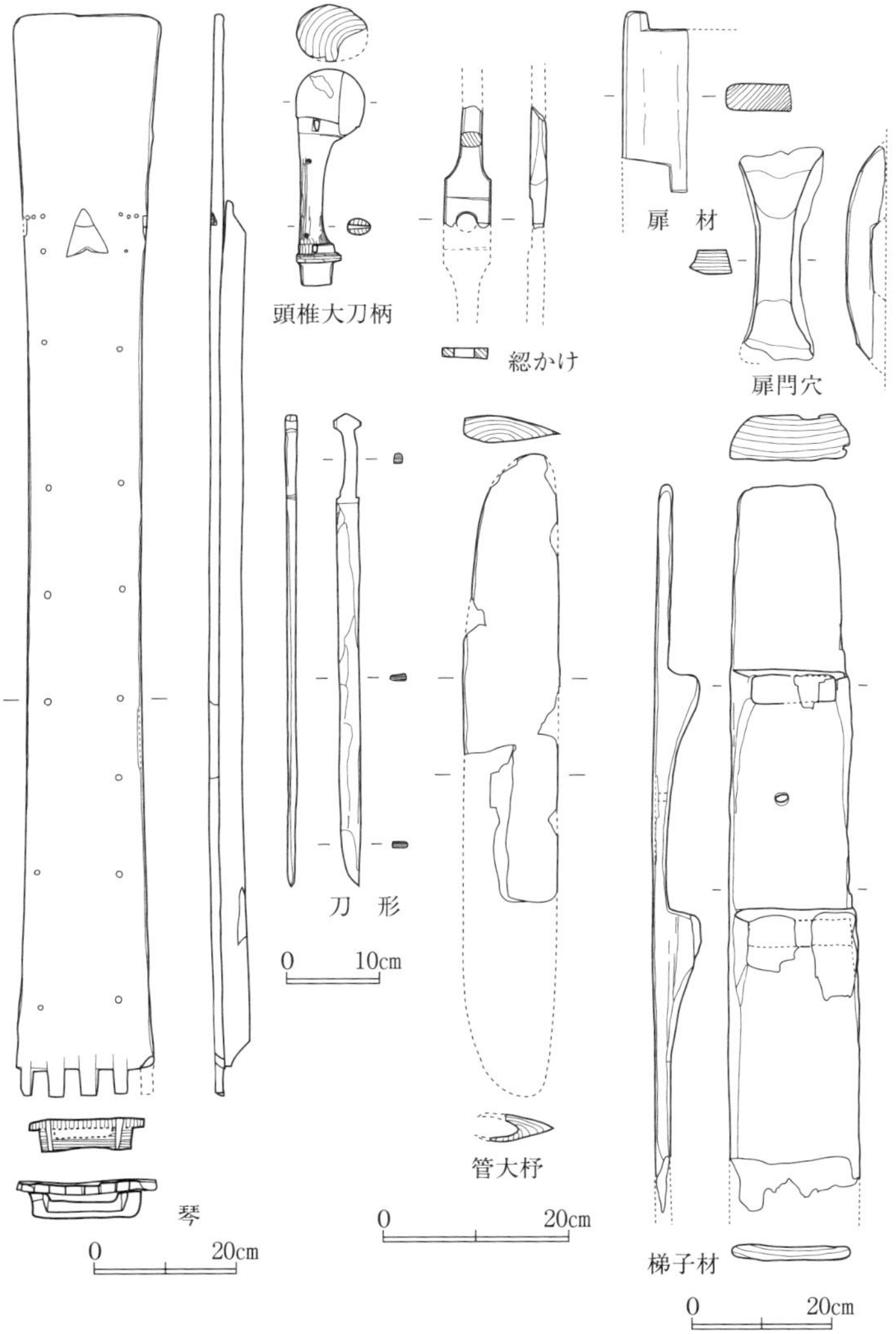

図19　前田遺跡出土木製品（『前田遺跡（第Ⅱ調査区）』八雲村教育委員会 2001）

図20　沖ノ島5号遺跡出土紡績金銅雛形（宗像神社所蔵）

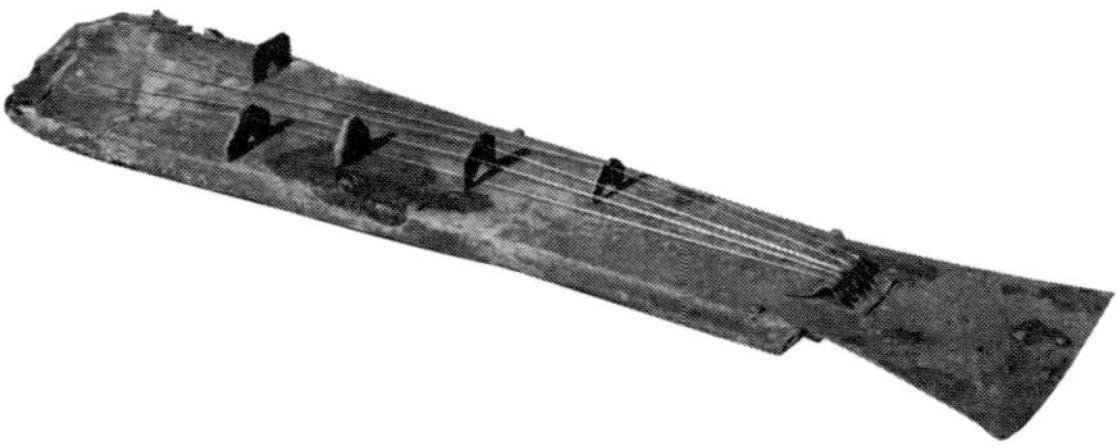

図21　沖ノ島5号遺跡出土金銅製琴雛形（宗像神社所蔵）

新たな用具を導入し、祭祀は行われていたのである。

金銅製雛形と石製模造品

七世紀になると、沖ノ島祭祀遺跡では新たな動きが見られるようになる。金銅製雛形の出現である。巨岩群の東端にあるM号巨岩の岩陰、二十二号遺跡では、人形、紡織具（椯《たたり》・紡錘《つむ》・返転《くるべき》・滕《ちきり》・貫《ぬき》）、容器類（壺・高杯）が、銅に金メッキを施した金銅製模造品「雛形」として作られ、岩陰の石囲いに納められていた。それに続く、七世紀後半から八世紀にかけての五号遺跡でも金銅製雛形は出土した。人形、紡織具（椯・紡錘・麻笥《おけ》・滕）、容器類（壺・盤・高杯）のほか、五弦琴の雛形を含む。沖ノ島祭祀遺跡では、六・七世紀に祭具の装飾性が高まり、七世紀には金色に輝く紡織具・琴など祭祀用の模造品「雛形」が成立したのである。さらに、八・九世紀になると、巨岩から西へと離れた一号遺跡で金銅製雛形に加え人形・舟形・馬形など滑石製模造品が出現する。井上光貞は、装飾性を高め祭祀専用に作った金銅製雛形の出現に、特に大きな歴史的意義を認め、それを律令時代の祭祀（律令祭祀）の萌芽と位置付けた。

ところが、七号遺跡から出土した刀剣、鉾、盾、二十二・二十五号遺跡の金銅製雛形の紡織具・琴は、すでに五世紀代の祭祀の場に存在し、後の伊勢神宮神宝へと系譜が連続するものだ。また、人形・船形は、五世紀前半の明ヶ島五号墳下層の土製模造品にあり、木製舟形は五世紀代の南郷大東・山ノ花遺跡から出土している。馬形については土製の馬形、「土馬」が五世紀後半から六世紀前半までには成立し、六世紀後半までに祭祀の場に持ち込まれた馬具と対応する。つまり、七世紀には成立する金色の金銅製雛形も、それから程なく姿を現す滑石製模造品も五世紀以来の伝統と系譜を受け継ぎ作られたと考えるべきだろう。

祭具の再編と神郡設置

似た状況は、沖ノ島・宗像社の宗像郡と同様に「神郡《しんぐん》」となる香島（鹿島）郡内、鹿島神宮周辺で確認できる。神郡とは、律令政府が重要な神社を維持するため設定した郡で、八世紀前半の養老七年（七二三）には次の八郡があった。

伊勢国渡相《わたらい》（度会）・竹《たけ》（多気）郡＝伊勢神宮、安房国安房郡＝安房坐《にます》神社、出雲国意宇郡＝熊野坐神社・杵築《きづき》社、筑前国宗形（宗像）郡＝宗像社、常陸国鹿嶋郡＝鹿島神宮、下総国香取郡＝香取神宮、紀伊国名草《なくさ》郡＝日前国懸《ひのくまくにかかす》社。

このうち、伊勢神宮の度会・多気郡について、延暦二十三年（八〇四）に成立した『皇太神宮儀式帳』は、「難波の朝廷（孝徳天皇）が、天下に評《こおり》（大宝令の郡に相当）を立てた時、それぞれ十郷を分けて設立した」と記す。また、鹿島（香島）郡の成立は、古風土記の一つ『常陸国風土記』の香島郡条に「孝徳天皇の己酉年（六四九）、中臣□子と中臣部《なかとみべの》兎子《うのこ》の申請により、海上国造《うなかみのくにのみやつこ》と那珂国造の領域を割いて神の郡を置いた」と伝え、あわせて、鹿島神宮を支える神戸《かんべ》を八戸から五〇戸へと加増したとする。神郡《しんぐん》の設置は、七世紀中頃、孝徳天皇の時代に大きな画期があったようだ。

これらの記事の中で鹿島神宮の神戸加増については、考古学資料から裏が取れる。鹿島神宮の北側、谷を隔てた台地の上には厨台《くりやだい》遺跡群がある。ここでは広範囲に発掘調査が行われ、古墳時代（五世紀中頃）から平安時代（十一世紀）まで続いた大規模な集落遺跡が発見された。年代を推定できる古代の竪穴建物（竪穴住居）だけでも七五〇軒以上にのぼる。『常陸国風土記』は、神宮周辺の台地が神宮に仕える卜氏《うらべうじ》の居住地だと記すが、厨

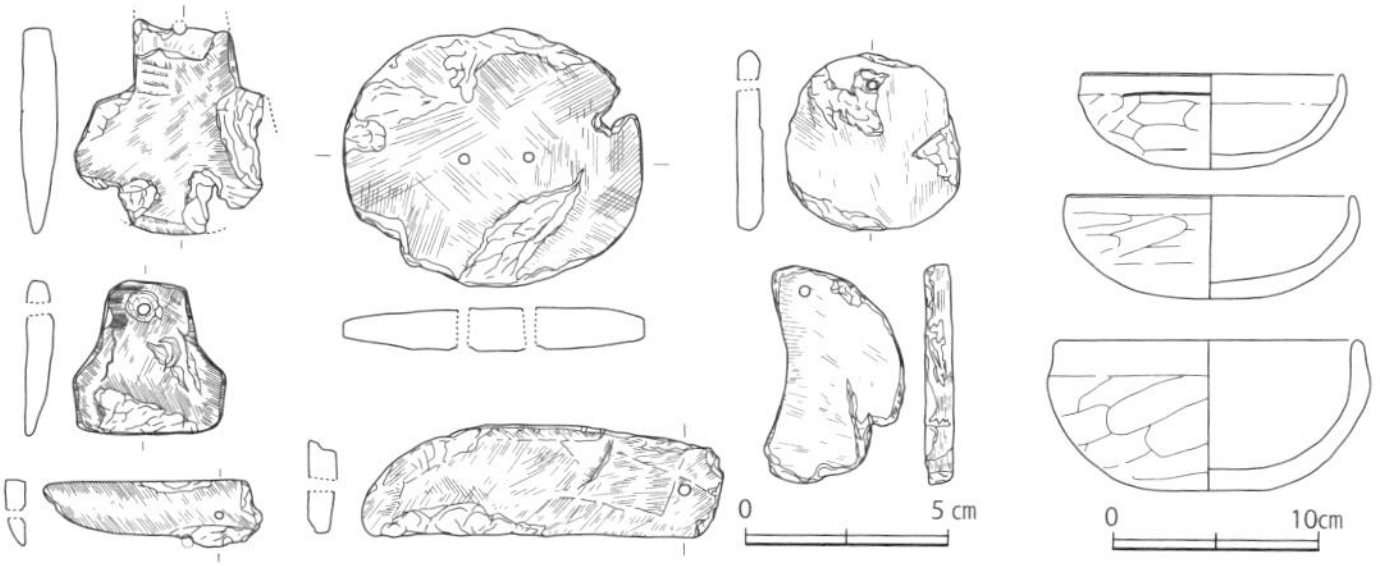

図22　厨台遺跡№28遺跡竪穴建物（SB43）出土石製模造品・土師器杯（『鹿島神宮駅北部埋蔵文化財発掘調査報告書XⅦ』財団法人鹿嶋市文化スポーツ振興財団　1997）

台遺跡群は鹿島神宮との位置関係から、その範囲に当たる。加えて厨台遺跡群の片野地区から「鹿嶋郷長」（八世紀）、厨台BR2区から「中臣宅成」（十世紀）の墨書土器が出土した。ここが鹿島郡鹿嶋郷の中心部であり、中臣氏が居住していたことがわかる。これらをあわせ考えると、この集落が、神宮に仕えた中臣氏・卜氏が住む神戸の集落と見て間違いないだろう。そして、厨台遺跡群全体の竪穴建物（住居）数は、年代を推定できるものだけで、六世紀後半で四四軒、六世紀末期〜七世紀前半は六九軒、七世紀中頃〜後半には九四軒と推移し、その軒数は八世紀後半までほぼ維持された。七世紀中頃、竪穴建物の増加傾向は顕著で、孝徳朝の神戸加増に対応すると考えられる。

まさにその七世紀中頃、厨台遺跡群では再び石製模造品が姿を現すようになる。場所は神宮に最も近い厨台№28遺跡の竪穴建物である。その種類は、大形品を含む有孔円板のほか、鎌、斧、刀子といった五世紀代に作られていた伝統的なものだ。宗像沖ノ島の金銅製雛形、滑石製模造品と共通した様相である。

宗像沖ノ島や鹿島神宮周辺では、神郡（神の評《こおり》）が成立する七世紀中頃を前後して、五世紀以来の伝統的な品々をベースとして祭具を再編成し、律令時代へと連続する宗像沖ノ島の金銅製雛形や香島の滑石製模造品が成立したと考えられる。伊勢神宮では同時期に神郡の多気・度会郡（評）が成立し、神宮神宝には宗像沖ノ島と同じ紡織具・琴がある。伊勢神宮でも香島・宗像郡と同じ状況を推定してよいだろう。

古墳時代祭祀の復元

前節では、五世紀に列島内で広く展開した祭祀遺跡の遺物の内容を確認し、その系譜が六・七世紀代と受け継がれていたことを明らかにした。この結果を受けて古墳時代祭祀の具体的な復元にとりかかろうと思う。その場合、何に留意すべきか。

祭料と祭式

私は、平成二十五年（二〇一三）十月、伊勢神宮・外宮《げくう》の式年遷宮に臨時出仕として奉仕する機会に恵まれた。そこで荘厳《そうごん》な夜の祭祀を、身をもって体験した。また、誰が何を使いどう動き、いかなる次第で祭祀は進行するのか、これが明確になっていなければ、多くの祭員が整然と奉仕する祭祀は実施できない。この点も改めて実感した。つまり、祭祀で使う品々「祭料《さいりょう》」と、祭祀の次第・構成「祭式《さいしき》」を明らかにしないで祭祀の復元を議論しても、それは実態から乖離した空論となってしまう危険性をはらんでいるのである。そこで、ここでは祭料と祭式の内容を、考古資料と年代が近い古代の文献史料で確認し、前節で明らかにした考古資料の内容と比較することで、古墳時代祭祀の復元を試みたい。

神への捧げ物「幣帛」

祭祀遺跡から出土する遺物の組み合わせは、五世紀から七世紀まで系譜を辿れるわけだが、その七世紀後半から九世紀頃の内容を伝える史料により、祭料、特に神へと捧げた品々の内訳が判明する。

延長五年（九二七）に成立した、律令の施行細則『延喜式』は、巻八に古代の祭祀で読み上げた二十八編の祝詞《のりと》を収めている。中でも「龍田風神祭」と「広瀬大忌祭《おおいみ》」の祝詞は、神へと捧げた品物の内容を書いている。風神祭と大忌祭は『日本書紀』天武天皇四年（六七五）四月条で初めて確認でき、風雨の災害がなく順調に稲作が進捗することと豊作を祈る。『神祇令』に定める、律令国家が行う重要な祭祀（国家祭祀）である。風神の祭は奈良県三郷《さんごう》町の龍田大社、大忌の祭は同県河合町の広瀬神社で、ともに四月と七月に行った。これら祭で神へ奏上した祝詞には「皇神《すめがみ》の前に白《もう》したまえ」「皇神の前に白さく」という表現がある。「〜の前に白《もう》す」の表現は、藤原宮などから出土する木簡にある古い上申文書の形式であり、これら祝詞は、その祭が史料上で初めて確認できる七世紀後半頃の内容を伝えている可能性が高い。その祝詞で、神への捧げ物に関する部分を引用してみよう。

◎「龍田風神祭」―奉るうずの幣帛《みてぐら》は、ひこ神に、御衣《みそ》は、明《あか》るたえ・照《て》るたえ・和《にぎ》たえ・荒《あら》たえ、五色《いついろ》の物、楯《たて》・戈《ほこ》・御馬《みうま》に御鞍具《みくらそな》えて、品品の幣帛献り、ひめ神に御服備え、金《くがね》の麻笥《おけ》・金の椯《たたり》・金の桛《かせい》、明るたえ・照るたえ・和たえ・荒たえ、五色の物、御馬に御鞍具えて、雑《くさぐさ》の幣帛奉りて、

◎「広瀬大忌祭」―奉るうずの幣帛は、御服《みそ》は、明るたえ・照るたえ・和たえ・荒たえ、五色のもの、楯・戈・御馬に、（中略）倭《やまと》の国の六つの御県《みあがた》の、山の口に坐《ま》す皇神等《すめがみたち》の前にも、皇御孫《すめみま》の命《みこと》のうずの幣帛を、明るたえ・照るたえ・和たえ・荒たえ、五色の物、楯・鉾に至るまで奉る。

神へ捧げる供献品は「幣帛《みてぐら》」と呼ばれ、男神へは「明るたえ」など布帛類、「鉾・楯」の武器・武具、馬と馬具、女神へは、これに金の麻笥・椯・桛の紡織具が加わる。

続く八世紀前半の文献で、幣帛の細かな内容を記すのが、養老七年（七二三）頃までに編纂された『常陸国風土記』である。その香島郡条には「幣」に関する次の記載がある。

初国知《はつくにし》らしし美麻貴《みまき》の天皇《すめらみこと》のみ世に至りて、奉る幣《みてぐら》は、大刀《たち》十口《とふり》、鉾《ほこ》二枚《ふたひら》、鉄弓《かなゆみ》二張《ふたはり》、鉄箭《かなや》二具《ふたよろい》、許呂《ころ》四口《よつ》、枚鉄《ひらがね》一連《ひとつら》、練鉄《ねりがね》一連《ひとつら》、馬一匹、鞍一具、八絲鏡《やたのかがみ》二面《ふたおもて》、五色の絁《あしぎぬ》一連なりき

香島（鹿島）の天つ大神は、祭祀を条件に美麻貴の天皇（崇神天皇）の統治を約束する

神託を下した。そこで天皇は神へと「幣」を捧げた。幣の内訳は、武器の大刀・鉾・鉄の弓矢（許呂は矢を入れる胡籙《ころく》か）、馬と馬具の鞍、鏡、布帛類の五色の絁であり、鉄素材の鉄鋌に当たる板鉄・練鉄が含まれる。これに近い内容を伝えるのが、『延喜式』巻八、「祟神を遷し却る」祝詞の次の表現である。

進《たてまつ》る幣帛は明るたえ・照るたえ・和たえ・荒たえに備えまつりて、見明らむ物と鏡、翫《もてあそ》ぶ物と玉、射放つ物と弓矢、うち断つ物と太刀、馳せ出づる物と御馬

この祝詞では様々な美しい布帛類、鏡、弓矢、大刀、馬に玉を加えている。特に、「見明らむ物」として「鏡」を捧げるとあるように、どのような性格の品々を神へと捧げるのか具体的に記されている点は興味深い。これら品々で構成する幣帛は、祟る神を丁重に遷し鎮め祀る上で重要な意味を持っていたのである。

幣帛と農具・工具

また、天武天皇五年（六七六）、始めて諸国大解除（大祓《おおはらえ》）が行われた。大祓では貴重な品々を、罪を贖う「祓柱《はらえつもの》」として供出する。『日本書紀』によると、この時の祓柱は馬、布、刀、鹿皮、鍬、刀子、鎌、矢、稲、麻であった。罪を贖う貴重な品々は「幣帛」と同様、刀、矢、馬、布帛類であり、さらに農・工具の鍬、鎌、刀子を加えている。ここから、七世紀後半、幣帛は農・工具を含んでいた可能性が浮かんでくる。

これを裏付けるように、八世紀前半の『出雲国風土記』意宇郡条には「五百《いお》つ鉏《すき》々なお取らして天下《あめのした》をつくりたまえる大穴持命《おおなもちのみこと》（多くの鉏を取り国作りを行った大穴持命）」の表現があり、農具の鉏（鋤）は神が使用する道具、御料であるという考え方がうかがえる。また、九世紀初頭の『古語拾遺』天岩戸の段では、鍛冶の神、天目一箇神《あめのまひとつのかみ》に祭祀用の鉄製品として雑刀《ぞうとう》とともに斧、鉄鐸を作らせた。ここでは工具の斧が確認できる。

次に、『延喜式』神祇式で四時祭《しじさい》（年間の祭祀）の祭料を細かく見てみよう。まず、二月の祈年祭の祭料を見ると、布帛類（五色薄絁《いついろのうすぎぬ》など）＋武器・武具（倭文纏刀形《しずりまきのかたながた》など、楯、槍鋒、弓、矢を入れた靫《ゆぎ》）＋農具（鍬）となり、伊勢内外宮と高御魂神《たかみむすびのかみ》、甘樫《あまかし》・飛鳥《あすか》・石村《いわれ》などの特定の神社に馬が加えられた。布帛（倭文・絁《あしぎぬ》・布）を巻いた木製の刀形と、やはり農具の鍬が含まれる。祈年祭は七世紀後半に成立、全国の神々へと幣帛を捧げ稲の豊作を祈る。律令国家祭祀の根幹をなすものである。

鉄・船・甲冑

また、『延喜式』神祇式で、先に祝詞を取り上げた大忌祭と風神祭の祭料に目を移すと、祝詞の内容に対応する槍鋒、楯、馬具の鞍、金塗りの紡織具のほか、「鉄三斤五両、鉄六斤十両」のように重量で表記した鉄がある。こちらは『常陸国風土記』で崇神天皇が香島の天の大神に奉った「板鉄・練鉄」に相当する鉄素材と考えられる。

このほか、八世紀前半の成立と考えられる『肥前国風土記』の基肄《きい》郡条は、景行天皇の光り輝く甲冑を長岡の神が所望しそれを奉納したことを記す。『日本書紀』仲哀天皇八年九月五日条と斉明天皇五年三月是月条では船を捧げて神を祀り、『常陸国風土記』香島郡条でも倭武《やまとたける》天皇（日本武尊）の時代のこととして香島の神へ船を捧げている。優れた美しい武具の甲冑、水上交通を担う船そのものも、神々へと捧げる幣帛と認識されていたのである。

少なくとも、七世紀後半から九世紀頃までの内容を伝える文献史料の範囲では、神への供献品である幣帛（へいはく・みてぐら）は、武器（刀、弓矢、槍鉾）、武具（楯、靫、甲冑）、農具（鍬、鎌）、工具（斧、刀子）、馬具、紡織具、布帛類、船といった多様な品々で構成されると考えられていた。これらの幣帛の品々は、五世紀から七世紀までの祭祀遺跡で出土する遺物とほぼ共通する。この共通する出土遺物は「幣帛」と同様、神への捧げ物として祭祀の場に用意されたものであったと考えられる。そこで、次に、祭祀遺跡の出土遺物の変遷をもとに、「幣帛」の形成過程をまとめてみよう。

幣帛の原形の成立

幣帛につながる品々の基本的な組み合わせは、すでに五世紀前半から中頃、日本列島内の各地で祭祀遺跡が明確となる段階には成立していた。この時代の祭祀遺跡から出土する鉄製品の武器・武具（刀剣、弓矢、盾、鉾、甲冑)、農具(U字形鋤先、曲刃鎌)、工具(斧、刀子)、鉄素材、そして紡織具から推定できる布帛類の組み合わせである。これら品々は、五世紀中頃までには神への捧げ物「供献品のセット」として祭祀の場に用意されていた。つまり、五世紀中頃までに成立する供献品のセットが、後の「幣帛」の直接の原形といってよいだろう。それらの中でも特に、武器・武具と農・工具は、四世紀代の前期古墳の副葬品と共通するもので、神への供献品のセットは、死者とともに古墳に納めた副葬品が基礎となっていた可能性が高い。

また、このセットが成立する五世紀前半から中頃という年代は、歴史的に大きな意味がある。四世紀後半から五世紀中頃、日本列島には朝鮮半島から多くの鉄素材が流入すると同時に、鍛冶技術、紡織技術、須恵器の焼成技術といった新たな技術がもたらされた。この時期、日本列島は大きな技術革新の時代を迎えていたのである。そして、ここで成立する「幣帛」の原形、供献品のセットは、当時流入した鉄素材と新たな鍛冶・紡織技術で作った、最新で最上の品々だったのである。

捧げ物の拡充

続く六世紀、この供献品のセットに新たな動きがみられるようになる。

まず一つは、馬と馬具が供献品のセットに加わることである。その典型例は六世紀後半の宗像沖ノ島七号遺跡の例であるが、五世紀後半、山梨県笛吹市大蔵経寺前遺跡の祭祀遺構からは馬具の可能性がある鉄製鉸具(留め金具)が出土している。五世紀後半から六世紀までに神への供献品のセットに馬と、それに装着する馬具が加わったと考えられる。祭祀用に土で作った馬の模造品「土馬」が、ほぼ同時期に出現するのと対応していたとみてよいだろう。

馬は、本来、日本列島には生息していなかった。やはり五世紀までに渡来した動物である。その働きは、交通・軍事上、極めて有用であり、乗馬が列島内に定着するのと歩調をあわせて馬が、神の乗り物として供献品に加わったのは自然な流れであったと考えられる。これで、『延喜式』祝詞や『常陸国風土記』に記された「幣帛」の基本的な構成が成立した。

もう一つは、供献品が美しく飾られ、装飾性を高めることだ。沖ノ島七号遺跡では、神宮神宝の玉纏大刀《たままきのたち》・須加利大刀《すがりのたち》へと系譜がつながる倭系《わけい》の飾り大刀と剣が現れる。さらに矢を入れる胡簶は錦と組紐で飾られ、馬具も金色に輝く金銅装である。神々への供献品は、金・銀、錦などで色とりどりに彩られるようになる。ただ、これは後期古墳の副葬品と同じ傾向である。神への捧げ物は、古墳に葬られ、そこで祀られた「祖」への副葬品と共通する要素を持っていたのである。この点については、「祖への信仰と祭祀」の章で詳しくふれることとしたい。

六世紀前半頃、五世紀に明確化した祭祀遺跡が一時的に中断するような現象が見られるが、その後、祭祀が復興する過程で供献品の内容は拡充していったようだ。

幣帛の完成

供献品の装飾性が高まる流れは、七世紀、さらに顕著となる。代表例が宗像沖ノ島二十二号遺跡・五号遺跡の金属製、特に金銅製雛形である。中でも金銅製雛形の紡織具は、「龍田風神祭」祝詞で幣帛にある「金の麻笥・金の椯・金の桛《かせ》」そのものである。七世紀には文献史料と考古資料との間で直接連絡がとれるようになる。

一方で、甲冑は六世紀後半の沖ノ島七号遺跡を最後に供献品の中から姿を消す。後の神宮神宝、『延喜式』の祭料や祝詞の幣帛にも甲冑は含まれていないので、七世紀代には甲冑は幣帛の主要な品から脱落していったと考えられる。ここで、文献史料が記す「幣帛」が最終的に成立する。これは、七世紀中頃を前後する時期に見られた祭具の再編成、神郡(評)の設置と対応すると考えられる。

同時代の古墳の変化を見てみよう。六世紀末期から七世紀初頭、古墳の横穴式石室は巨大化した後、七世紀前半には横口式石槨が成立、七世紀中頃以降には縮小・簡略化し天武天皇陵の野口王墓へと繋がっていく。並行して、それまでの武器・武具、農・工具、馬具からなる豊富な副葬品は姿を消す。神祭りと古墳で祖を祀ることは、大きく乖離する。この時期、最終的に幣帛の品目と内容が成立する背景には、このような古墳とそこにおける儀礼の変質が関わっていたのだろう。

『皇太神宮儀式帳』の祭式

古墳時代の祭祀遺跡の出土遺物で、捧げ物「幣帛」以外のものは、祭祀の中でいかに使われていたのだろうか。これを考える時、手かがりとなるのが、『皇太神宮《こうたいじんぐう》儀《ぎ》式帳《しきちょう》』（以下、『内宮儀式帳』）が伝える古代祭祀の次第「祭式」である。

『内宮儀式帳』は、平安時代の初期、延暦二十三年（八〇四）にまとめられた伊勢神宮の記録である。祭神の由来、社殿の規模・配置、祭祀の祭式、神職・奉仕者などについて具体的かつ詳細に記している。特に祭式に関する記載は、古代の伊勢神宮で行われた国家レベルの祭祀の細かな実態を今に伝えてくれる。

『内宮儀式帳』が編纂された九世紀初頭は、宗像沖ノ島では一号祭祀遺跡が機能していた時代で、五号遺跡の祭祀が終息してから一〇〇年は経過していない時代だ。『内宮儀式帳』の祭式は、九世紀初頭、実際に行われていたもので、多分に八世紀代の実態を反映していると考えられる。宗像沖ノ島の祭祀は、伊勢神宮と同じ国家レベルの祭祀であり、神宮と類似し系譜が一致する品々を捧げていた。そうすると、その構成「祭式」を推定しようとする場合、『内宮儀式帳』の祭式は直接参考となるはずである。さらに、その祭式は、沖ノ島祭祀と共通する品々が出土した列島内の祭祀遺跡にも当て嵌めることが可能だろう。

そこで、『内宮儀式帳』の主要な祭祀、①年祈幣帛奉進《としごいのみてぐらたてまつる》（二月十二日）、②神御衣《かんみそ》供《つかえ》奉《まつる》（神衣祭、四月十四日）、③月次祭《つきなみのまつり》（六月・十二月）、④神嘗祭《かんなえのまつり》（九月）・斎内親王《いつきのひめみこ》参拝～朝廷幣帛等奉入（九月十七日）を取り上げ、祭式を確認してみよう。その流れを『内宮儀式帳』にそってまとめると『内宮儀式帳』の古代祭祀の構成は、①「祭祀の準備段階」、②「祭祀の中心部分」、③「祭祀後の対応」という三段階に整理できる。

祭祀の準備

『内宮儀式帳』は祭祀の流れを記すとき、祭祀の準備段階から書き始めている。そこでは、神職の中核となる禰宜《ねぎ》のほか、内人《うちびと》、物忌《ものいみ》（未成年の奉仕者、ほとんどは女子）、物忌の父《ちち》（物忌の介添え役）と呼ばれる人々が、祭祀で使う品々を作り、供える御酒《みき》を醸《かも》し御饌《みけ》を調理した。これに伴い、様々な用具が使われた。大神に御衣等を供える神衣祭《かんみそのまつり》では、祭祀に先立ち神服織《かんはとり》・神麻績《かんおみ》の神部《かんとも》が、大神の御衣を織りあげる。『令義解』には、「神服部は三河（国）の赤引の神調《かんつぎ》の糸で神御衣を織り、神麻績連は麻を績《う》み敷和《うつはた》（直ぐに衣となるよう織った布）の衣を織る」とあり、そこでは一連の紡織具を使用したはずである。

月次祭では大神に御饌を供え、神嘗祭では新穀の御饌を供える。その御饌は、禰宜・内人等が海産物を採集するところから始まり、海産物は清浄に作った小刀と御贄机《みにえつくえ》（まな板）で調理される。また、清浄に作った臼・杵・箕で米を舂《つ》き、やはり清浄な竈で炊き上げた。そして、酒作《さかとく》・清酒作物忌《きよさかとくのものいみ》が醸した神酒《みき》と、御塩焼物忌《みさきものいみ》が特別に焼いた塩を添えて大神の大前へと供えた。ここでは御饌の調理には臼・杵、竈などを使い、御酒の醸造では須恵器甕が使われ、製塩との関係も窺える。

さらに、祭祀の準備では、祭祀に奉仕する人々、供える御饌が清浄か否かについて神意を伺っている。月次・神嘗祭では祭りの前日の夜、御巫内人《みかんなぎのうちびと》が正殿に近い第二門（玉《たま》串御門《ぐしごもん》か蕃垣御門《まがきごもん》、図23　皇太神宮大宮院建物配置推定図を参照）で琴を弾き神意を伺う。神意の判定という、祭祀での琴の働きがわかる。

また、『内宮儀式帳』によると、「祈年祭」「山口祭」「正殿心柱造奉木本祭《しょうでんしんのはしらつくりまつるこのもとのまつり》」で使用する鉄製品「忌鍬、忌斧、神祭大刀《かみまつるたち》、鉾前《ほこさき》、忌奈太《いみなた》、忌鎌、鉇《やりがんな》（正殿心柱造奉木本祭）、鏡、鉄人形《くろがねのひとがた》（山口祭・正殿心柱造奉木本祭）」は、忌鍛冶内人《いみかじのうちびと》が「鉄十廷《くろがねじっちょう》（新《にい》宮造奉時行事用物《みやつくりまつるときぎょうじようもつ》の事）」などと書かれた鉄素材を加工して製作した。ここからは鍛冶・鉄素材と祭祀の関係が読みとれる。

祭祀の準備段階で使用する紡織具、臼・杵、竈、琴は、五・六世紀の祭祀遺跡から出土する遺物の組み合わせと一致する。

特別に御塩焼物忌が焼き御饌に添えた塩は、やはり、五・六世紀の祭祀遺跡で出土する製塩土器に対応する。そして、七世紀後半から八世紀代の宗像沖ノ島五号遺跡では、器台

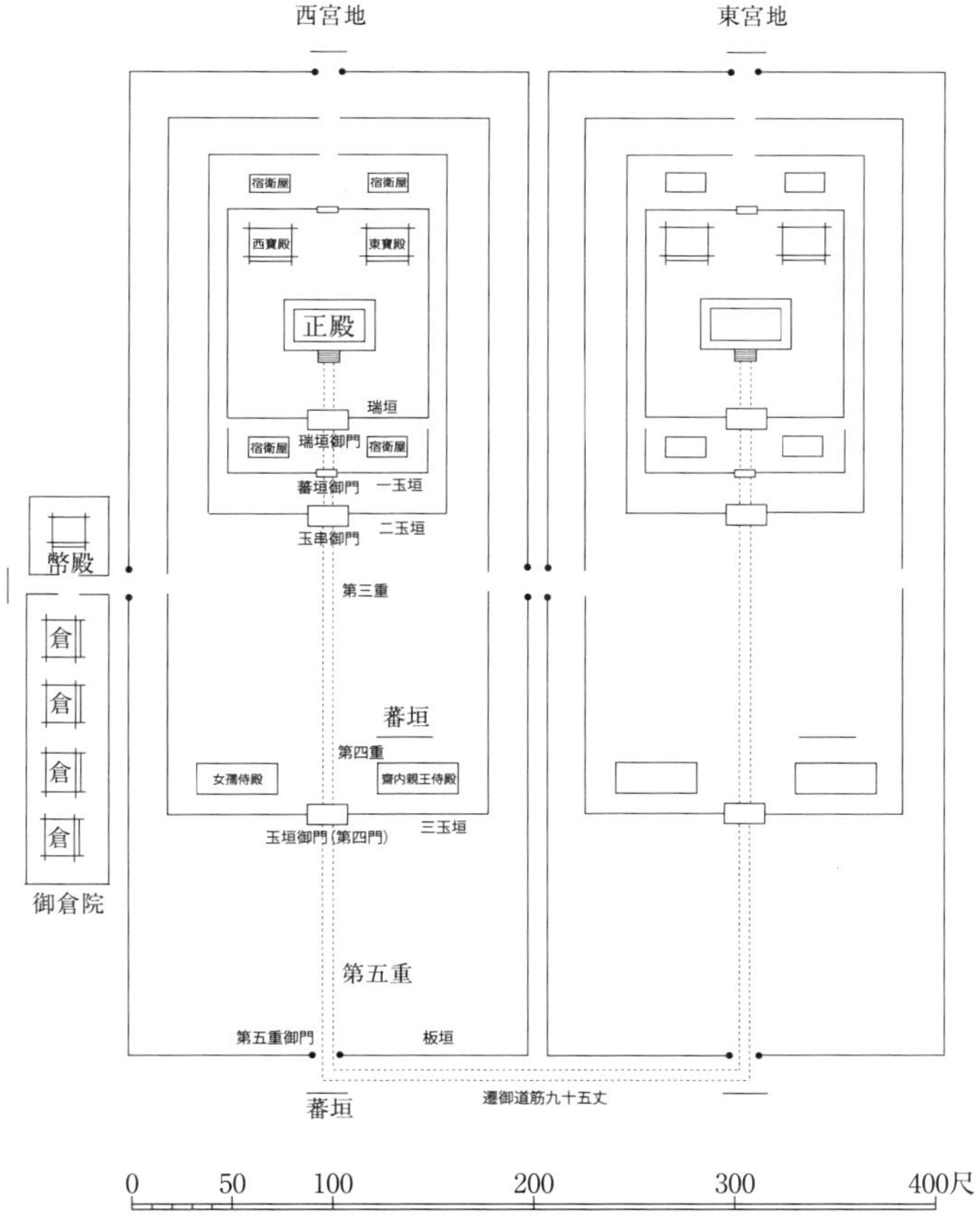

図23　皇太神宮大宮院建物配置推定図（主に『皇太神宮延暦儀式帳』による．福山敏男『神宮の建築に関する史的調査』造神宮使廳から）

に載せた形で地元の製塩土器（玄界灘式製塩土器）が出土している。祭祀と製塩土器との関係が五世紀から八世紀まで伝統的に受け継がれていたことを示し、その延長上に『内宮儀式帳』の御塩焼物忌の塩は位置していたのである。さらに、祭祀で使用する鉄製品を忌鍛冶内人が製作するのは、千束台・出作遺跡のような五世紀代の祭祀遺跡で確認できた鍛冶遺構・遺物と一致する。やはり五世紀以来の伝統があったと考えてよいだろう。

では、なぜ、神へと供える品々や御饌を特別に製作・調理しなければならなかったのか。それは、奉仕する人々と御饌の浄・不浄を、琴を弾き判定していることからわかるように、祭祀の清浄さを保障するために不可欠な要素だった。だから、祭祀の準備そのものを祭式に組み込む必要があったのである。

祭祀とその後の対応

準備が整うと祭祀が始まる。月次・神嘗祭では、神宮の中枢、大宮の奥深く、正殿の大神の大前に禰宜以下が御饌を供え拝礼する。

神衣祭や九月十七日の朝廷幣帛等奉入では、大宮の中でも正殿から一定の距離を置いた第三重《だいさんのえ》、玉串御門《たまぐしごもん》前で、神御衣や幣帛、馬具を装着した馬を並べ供え、告刀《のりと》（祝詞）を奏し、太玉串を捧げる。その後、神御衣、幣帛、馬から外された鞍（馬具）は、大宮司・禰宜たちが大宮の奥深くへ持って入り、御形《みかた》（神霊の存在を象徴する）の御鏡を奉安する正殿内に幣帛を納め、正殿に隣接する東宝殿《たからどの》には神御衣と馬具を収納した。

図24　神宮内宮の外幣殿

ここで注目したいのは、供えた御饌や幣帛等は、祭祀の場に放置するのではなく、神前から下げたり、神霊の近くに収納したりすることだ。特に、幣帛や馬具は、高床倉構造の正殿や宝殿に収めている。これから類推すると、幣帛の原形となる品々が出土した、五世紀以降の祭祀遺跡にも、それらを収納した高床倉が建っていた可能性が考えられる。それだけではなく、御饌の材料となる稲は、『内宮儀式帳』によると湯貴御倉《ゆきのみくら》（御稲倉）に貯蔵されている。古代、祭祀を行う上で高床倉は、御饌の材料や幣帛を収納・保管するという機能を果たしており、高床倉は祭祀を執行する上で重要な要素であったと考えられる。

これと対応するのが、五・六世紀代の祭祀遺跡から出土する扉材・楣材・梯子材といった高床倉の建築部材だ。千葉県館山市の東田遺跡では六・七世紀の祭祀の場に総柱の高床構造の建物があり、そこから馬具の部品が出土したことも、この推定と一致する。五世紀代の祭祀の場の中には、高床倉構造の建物を備えたものがあったのである。

古墳時代祭祀の実態

五世紀から七世紀までの祭祀遺跡で出土する品々は、七世紀後半以降の「幣帛」と一致するだけでなく、九世紀初頭の『内宮儀式帳』が記す祭式の内容、そこで使用する道具類「祭料」とも一致する。したがって『内宮儀式帳』が伝える古代祭式の基本的な枠組みは、供献品の内容とともに五世紀まで遡ると考えられる。五世紀の祭祀遺跡を残した祭祀も「祭祀の準備」「祭祀」「祭祀後の対応」の三段階で構成されていたはずである。

この中で、祭祀の準備は、祭祀の執行者の問題と直接結び付く。前節では、五世紀代、列島内で展開した祭祀は、「大和から貴重な鉄製品・鉄鋌、初期須恵器の供与を受けながら地域の首長、人々が実施した」と指摘した。その大和から供与された鉄製品などが供献品、のちの幣帛の主要な部分を構成し、これに加えて地元の素材・食材を使い必要な品々を準備した。このように祭祀は実施されたと考えられる。五世紀代、列島内で明確になる祭祀は、大和王権が供与した貴重な捧げ物と、地元で準備した品々を使用する二重構造で行われていたのである。このプロセスは、祭祀の清浄性を維持すると同時に、神と祭祀を行う人々・一族との系譜的なつながりにも関係していたのである。

また、祭祀の準備は、『古事記』上巻の天石屋戸の段で、祭祀のため忌服屋《いみはたや》で布を織り、天石屋戸前の祭祀に先立ち、神意を占い、鏡・玉を製作し、鍛冶を招聘するという一連の流れと同じである。『記紀』の天石屋戸神話の基底には、五世紀以来の祭祀の伝統が流れているように思われる。

もう一点、復元した古墳時代祭祀の祭式で注意しなければならないのは、「祭祀後の対応」だ。『内宮儀式帳』の祭式では、神前に供えた御饌は撤下され、捧げられた幣帛等は、祭祀の場から運ばれ神霊に近い場所へと収納された。この祭式の流れが、五世紀まで遡るとすると、祭祀遺跡の出土遺物は、腐朽したものを除いても祭祀で使用した品物の全てではないことになる。むしろ、捧げ物の主要な部分は、祭祀後に別途に収納されていた可能性が高くなる。それ自体が利用価値の高い鉄製品や布帛類は、祭祀の場から持ちだされ収納・利用され、祭祀専用の石製・土製模造品、土器類や手捏土器が主に祭祀の場に残された、もしくは主要な供献品とは分別して埋納された可能性を推測しなければならない。

沖ノ島祭祀の再検討

これと関連するのが、宗像沖ノ島祭祀の実態である。従来、沖ノ島祭祀は、「磐座《いわくら》」とされる巨岩周辺で発見された二三ヵ所の祭祀遺跡を祭祀の場と考え、岩上祭祀（四世紀後半～五世紀前半）→岩陰祭祀（五世紀後半～六・七世紀）→半岩陰・半露天祭祀（七世紀後半～八世紀）→露天祭祀（八・九世紀）の順で、祭祀の変遷を推定し、あわせて神観の変化を考えてきた。しかし、二三ヵ所の祭祀遺跡、特に岩上・岩陰の遺跡は祭祀を行うには狭く、その出土遺物はのちの「幣帛」に当たる供献品が中心であり、土器類は極めて少ないという特徴がある。これらの点から、宗像沖ノ島の祭祀遺跡は全てが祭祀の場であったとは考えにくい。むしろ、先ほどの祭式の流れから考えると、そこは祭祀の終了後に捧げ物をまとめて納めた場であったとの解釈が可能となる。宗像の神の存在を象徴する巨岩群に対し、その西側の広い場所（一号遺跡周辺）で鏡や鉄製武器・武具、工具等の供献品を捧げて祭祀を行う。それが終わると、祭祀執行者の主だった人々（五世紀以降は宗像氏の祖先か）が、捧げ物を持って巨岩群に行き、そこに納めた。このような祭祀のプロセスが、『内宮儀式帳』の祭式との比較から推定できよう。こう考えると、巨岩周辺は、伊勢神宮内宮で正殿と東西宝殿が建てられた瑞垣《みずがき》内の最も神聖な場所に相当することになる。

また、宗像沖ノ島には、祭祀の準備段階との関係を推定できる遺跡もある。沖ノ島の現在の港に面した高台にある正三位社遺跡である。ここからは、鉄素材の鉄鋌一六枚と土師器坩（小型壺）などの土器類が出土し、さらに調理具の匏《ひさご》をかたどった土製模造品が採集されている。鉄製模造品の製作や神饌の調理との関係を推定できる。宗像沖ノ島の祭祀についても古代の祭式の流れの中で、祭祀の実態を考えなければならないだろう。

神籬と区画・遮蔽施設

『内宮儀式帳』の祭式が五世紀まで遡るという視点は、さらに大きな問題を解く糸口を与えてくれる。それは、本章の冒頭で取り上げた「神籬」の実態解明である。『内宮儀式帳』が記す祭式の基本的な枠組みが、五世紀まで遡るとすると、その祭式を行った神宮の大宮、その建物や瑞垣は古い系譜を引いている可能性が出てくる。

一方、『日本書紀』崇神天皇六年条には天照大神を、神籬を立てて祀ったとある。天照大神を祀る神宮の初源的な形が「神籬」であるとの認識を『日本書紀』編纂者は持っていた。

「神籬」は、当てられた漢字の意味を素直に読むと「神の籬《まがき》」であり、祭祀の場を区画し外界から遮蔽する塀・垣をイメージできる。そのような施設が、古代の祭祀の場に立てられていたことが、近年の発掘調査で明らかになってきた。奈良県御所《ごせ》市秋津遺跡（四世紀）、兵庫県神戸市松野遺跡（五世紀）などは、その典型例である。秋津遺跡では、最大で五〇メートル×五〇メートル以上の範囲を板塀で区画した施設が、七ヵ所発見されている。板塀で囲んだ空間には、神宮の正殿・宝殿と類似する独立棟持柱構造の建物、高床建物が建てられていた。松野遺跡は、秋津遺跡に比べると規模は小さいが、周囲を柵で区画し、同様の建物が建っていた。ここからは、石製模造品（剣形）、製塩土器、須恵器が出土し、祭祀との関連が推定できる。また、塀・柵の一辺の筋を違えて作り、その食い違った部分を出入口とする形は、両遺跡で共通に認められる。この形は、五世紀代の祭祀遺跡、南郷大東遺跡で水を引き入れて祭祀を行ったと推定される建物を区画する垣と同じであり、塀を表現した五世紀代の「囲形埴輪《かこいがたはにわ》」とも一致する。囲形埴輪で、大阪府藤井寺市の心合寺山《しおんじやま》古墳から出土したものは、塀を一定間隔の柱で支える構造で、上端を山形に切りそろえている。この塀の構造は、秋津遺跡の塀の基礎構造と共通する。基礎構造が共通するため、秋津遺跡の板塀も上端を山形に切りそろえていた可能性は高い。

また、大阪府堺市御廟山《ごびょうやま》古墳の造り出し（前方後円墳の括れ部に作られた四角い祭祀用のスペース）から出土した囲形埴輪の出入口も同じ構造であり、遮蔽性を高めるため片開きの扉が付く、この中には切妻屋根に千木《ちぎ》・鰹木《かつおぎ》をのせた建物が建っている。五世紀には、千木・鰹木をいただく建物が、区画・遮蔽施設の中に建つ景観があったのである。

出入口を筋違えにつくる区画施設は、兵庫県加古川市の行者塚《ぎょうじゃづか》古墳の造り出しでも確

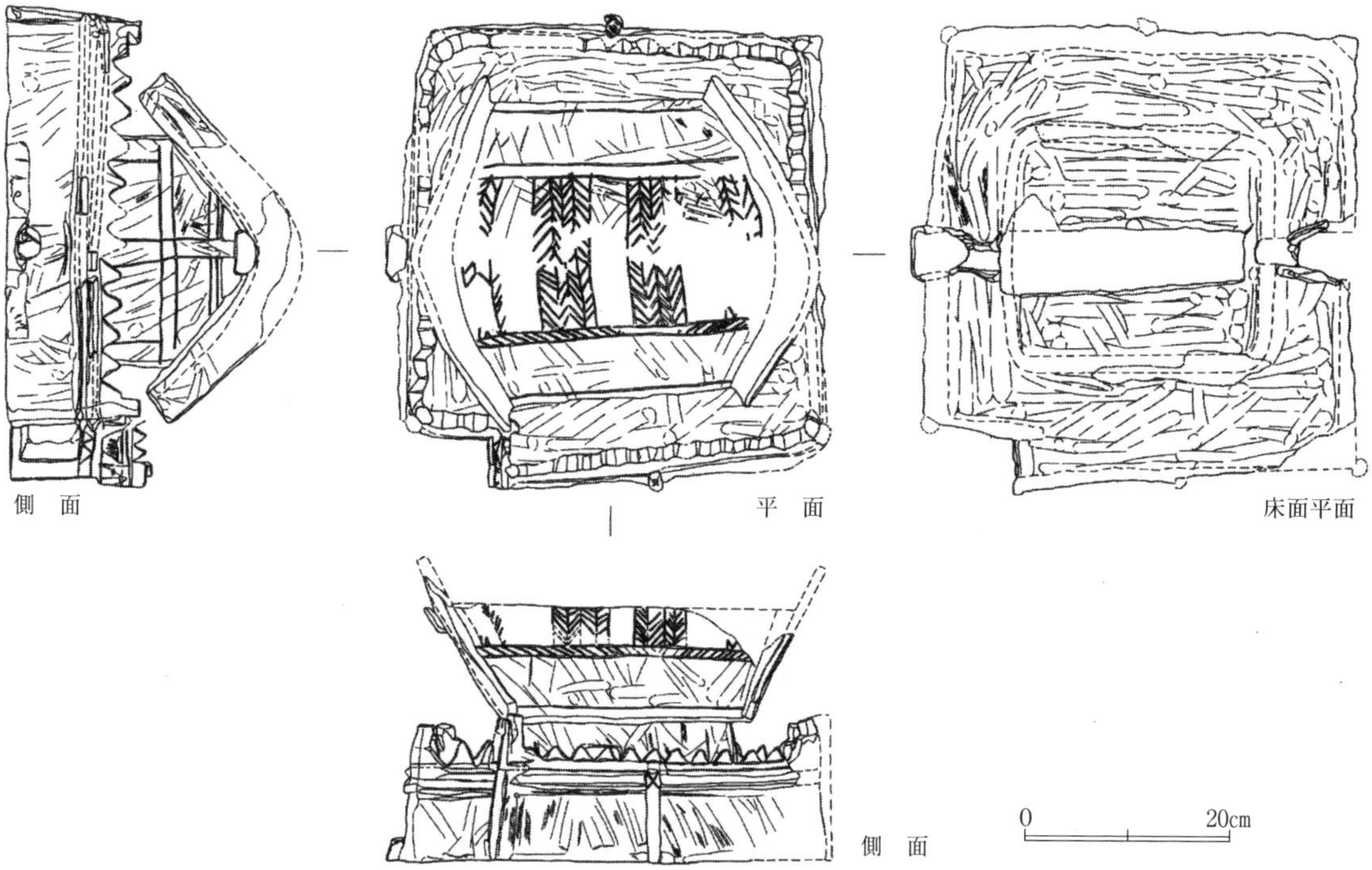

図25　心合寺山古墳出土囲形埴輪実測図（『史跡心合寺山古墳発掘調査概要報告書』八尾市教育委員会　2001）

認できる。ここでは西側括れ部の造り出しに、出入口を筋違えにつくる方形の区画施設を円筒埴輪で作っている。中には入母屋《いりもや》や切妻屋根《きりづま》の家形埴輪が複数置かれ、その前には土器や食物の土製模造品が並べられていた。家形埴輪に御馳走を供えた形なのだろう。年代は五世紀前半である。区画施設の中の祭祀の様子を具体的に教えてくれる。

今城塚古墳の埴輪群

さらに一〇〇年が経過した六世紀前半、大阪府高槻市の今城塚《いましろづか》古墳の埴輪群では、この発展形を確認できる。まず、上端を山形に切りそろえた「塀形埴輪」を五列に配置して四つの区画された空間が作られる。その中に千木・鰹木を屋根に頂いた大形建物や小形の建物、飾り大刀、盾、靫《ゆき》、人物、馬や鳥などの器財・形象埴輪を置き、区画・遮蔽施設の中での祭儀の状況を極めて具体的に再現している。区画・遮蔽施設の中で行う祭祀・儀礼の伝統を受け継ぐものだろう。ただし、区画の出入口は、扉が付いたり、付かなかったりする門構造の施設となっている。

今城塚古墳の埴輪群で四ヵ所の区画が並ぶ情景は、七ヵ所の区画・遮蔽施設が発見された秋津遺跡の姿と重なる。今城塚古墳は、継体天皇の陵墓であることがほぼ確実視されており、この「塀形埴輪」で区画された建物・人物を含む埴輪群が大王クラスの古墳祭祀と直接結びつくと考えられる。秋津遺跡の発掘調査担当者の一人、米川仁一氏は秋津遺跡の遺構と古墳時代の大王《おおきみ》の宮《みや》との関係を示唆する。今城塚古墳の埴輪群を視野に入れると、

図26　今城塚古墳の埴輪群

区画施設と祭祀との関係、さらにその性格を考える上で重要な指摘だ。

いずれにしろ、ここにあげた例から、少なくとも四世紀から六世紀にかけて、一定の区画・遮蔽施設が神祭りや古墳の祭祀と関係して作られていたことは間違いない。その区画・遮蔽施設が神祭りに対応する場合、「神の籬」と書き、「神籬《ひもろぎ》」と称したのではないだろうか。ではなぜ、祭祀に区画・遮蔽施設が必要だったのか。

区画・遮蔽施設の意味

崇神天皇の時代に立てられた神籬について、『古語拾遺』は「天照大神と草薙剣を移し祀った」と記す。そして、天照大神を神籬で祀るようになった原因について、『日本書紀』崇神天皇紀は、神威を恐れたためとしている。これらの記事を総合すると次のように考えられないだろうか。神威の強い神霊を象徴する、光り輝く優れた鏡「御鏡」、極めて鋭利な剣「神剣」を奉安し清浄性・神聖性を維持するだけでなく、その神威の強さが、周囲に思わぬ影響を与えないようにするため、区画・遮蔽施設は必要だった。神を象徴する「御鏡」や「神剣」などを奉安する建物（高床倉）と、この建物を含む祭祀の場。それを区画・遮蔽する塀・垣が、「神の籬」、神籬であり、現在でも神宮の正殿・宝殿を幾重にも囲む瑞垣の原形となっていたと考えられる。また、上端を山形に切りそろえる板塀の姿は、住吉大社や春日大社などの古社に残されていくのである。

「神の籬」から「神の宮」へ

そう考えるならば、何時、天照大神を祀る「神籬」の区画と建築群は、『内宮儀式帳』が記すような神宮の形へと変化したのか。

四・五世紀の秋津遺跡や松野遺跡などの区画、建物の配置・構造と神宮のそれを比較すると、大きく異なる点は、出入口の位置・構造と区画内の建物配置である。『内宮儀式帳』から復元できる神宮の建物と瑞垣は、南北の中心軸を基準として、左右対照なシンメトリーに配置されている。中心軸上には主要な出入口となる門を設定している。門は茅葺きの「於葺御門《うえふくごもん》」と、茅で葺かない簡易な「於不葺御門《うえふかぬごもん》」があり、茅で葺かない簡易な門は後に「鳥居」へとつながっていったと考えられる。

このような神籬から神宮への変化に大きな影響を与えたのが、七世紀中頃、孝徳天皇の

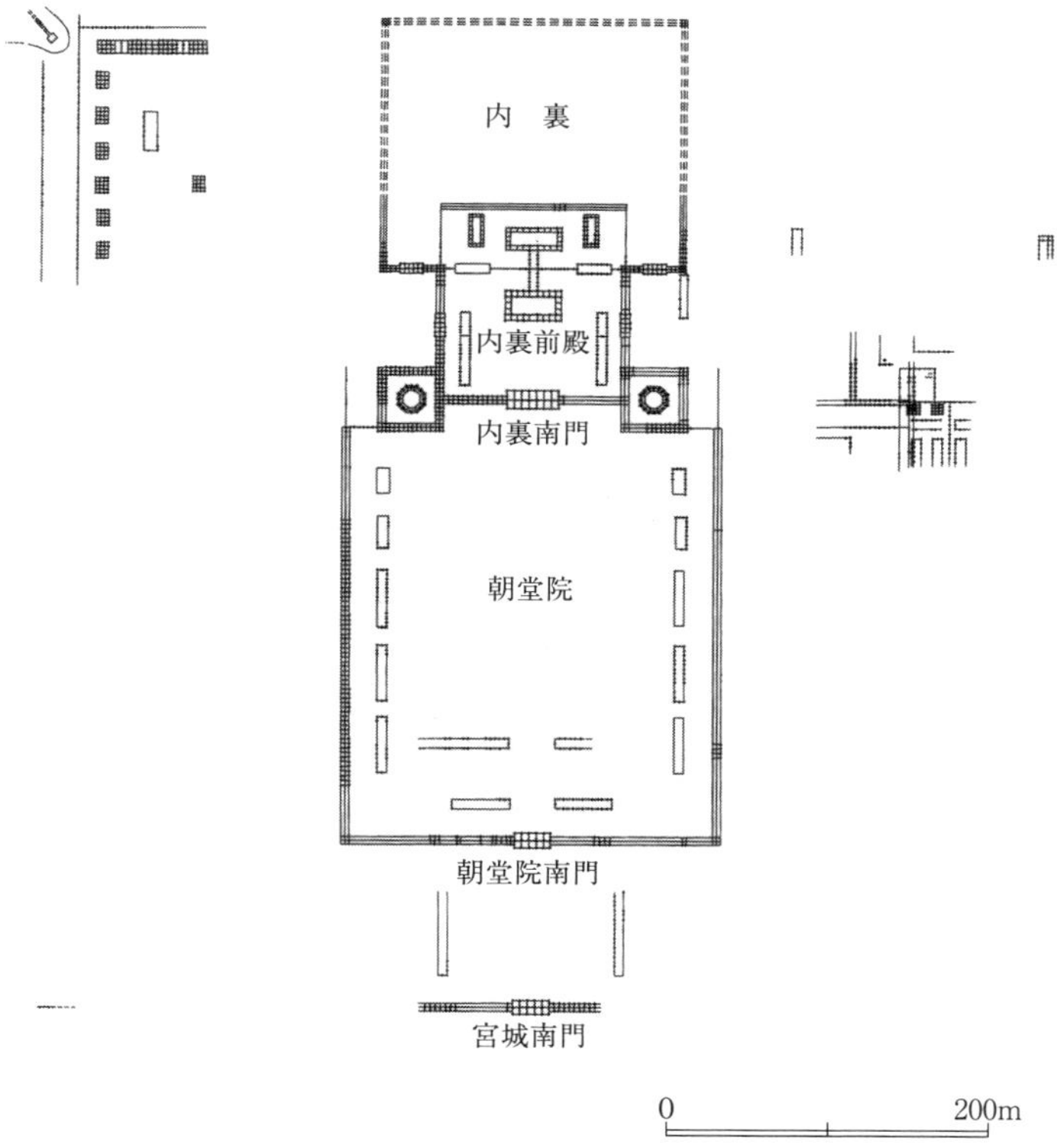

図27　前期難波宮建物配置図（『難波宮址の研究　第13』財団法人大阪市文化財協会　2005）

宮都として造営された前期難波宮（難波長柄豊碕宮《なにわながらとよさきのみや》）だったのではないだろうか。前期難波宮は、板葺きで掘立柱という古い建物構造でありながら、南北の中心軸上に内裏前殿・内裏南門・朝堂院南門が一直線に並び、内裏南門の前には広い儀礼空間の朝庭と朝堂からなる朝堂院を作り周囲を垣で囲む。天皇を中心とする官僚機構を象徴する朝堂院、これを備えた新しい「宮」の姿を示したところに、前期難波宮の歴史的な意義がある。

内裏前殿は天皇が出御する朝堂院の正殿として機能したと考えられる。この建物を神宮の正殿に当てはめると、その前の内裏南門と朝庭は、神宮の玉串御門と祭祀を行う第三重《だいさんのえ》に対応させることができる。

強い神威の神を象徴する御鏡、これを奉安する建物、その周囲を区画・遮蔽して周辺への影響を抑え清浄・神聖性を維持してきた神籬。この形は、七世紀中頃から後半に天皇の居所と政治の場として造られた宮殿に合わせて、儀礼空間を含め整備されたのだろう。垣で区画された祭祀の場を、大王（天皇）の「宮」になぞらえて整えた「神の宮」の成立である。この七世紀後半、『日本書紀』と『常陸国風土記』には、次のように「神の宮」の文字が確認できる。

◎『日本書紀』斉明天皇五年（六五九）是歳条―出雲国造（名を闕《もら》せり）に命《おお》せて、神の宮を修厳《つくりよそお》わしむ。

◎『常陸国風土記』香島郡条―淡海《おうみ》の大津の朝（天智天皇の時代、六六二～七一年）、初めて使人を遣はして、神の宮を造らしめき。

これらの記事から、七世紀後半、神の宮の整備が行われていたことが確認できる。この時期が、「神の籬」から「神の宮」への大きな転換期であり、その中で「神宮」の建物群と瑞垣が成立したと考えられる。そして、持統天皇四年（六九〇）には二〇年ごとに造替される式年遷宮が始まるのである。神宮の建物群は、七世紀後半に一気に成立するのではなく、少なくとも四・五世紀以来の古い伝統を持つ施設が、宮殿の建物配置の影響を受けて再編成され成立したと考えてよい。それは、神への供献品が五世紀以来の伝統を持ち、七世紀に再編成され「幣帛」が成立するのと同じ軌跡を辿っていたと言えよう。祭具の再編、幣帛の成立は、七世紀中頃の神郡（神の評）設置と並行していたと考えられるが、七世紀後半に「神の宮」の記事が確認できるのは、いずれも神郡と関係する場所である。これも偶然の一致ではないだろう。この結果、伊勢、出雲、香島（鹿島）に所在する、『記紀』神話における重要な神々の祭祀の場は「神の宮」として整備されたことになる。ここで、『記紀』神話と祭祀の場の最終的な整合化が行われたのである。

また、神宮の建物配置が宮殿と類似することからは、そこでの祭祀が最終的に宮廷儀礼の形に合わせて整備された可能性を指摘できる。祝詞の「～の前に白《もう》さく」という形式が、七世紀末期頃、木簡に見える上申文書の形式と共通するのも、これと関係するのだろう。

では、このような祭祀で祀られた神々とはいかなる存在だったのか。次章「古代の神観と祭祀」では、そこに焦点を絞って考えてみよう。

古代の神観と祭祀

祭祀遺跡の立地と神

「依代」の神観と祭場

古代の神と祭祀について語る時、考古学の研究を含め、現在でも「依代《よりしろ》」の言葉は多く使われる。それは前述の「神道考古学と古代祭祀」の冒頭でふれたとおり、神道考古学の提唱者、大場《おおば》磐雄《いわお》が描いた古代祭祀のイメージによるところが大きい。そして、その根底には折口信夫が示した「依代」の考え方があったことも、すでに述べたとおりである。では、依代は、どのような場所にあり、いかなる神が依りついたのか。『髯籠《ひげこ》の話』で折口の考えを、もう少し細かく見てみよう。

◎髯籠の由来を説くに当って、まず考えるのは、標山《しめやま》の事である。避雷針のなかった時代には、何時何処に雷神が降るか訣《わか》らなかったと同じく、所謂《いわゆる》天降《あも》り著く神々に、自由自在に土地を占められては、如何に用心を重ねても、何時神の標《し》めた山を犯して祟りを受けるか知れない。其故になるべくは、神々の天降《あも》りに先立ち、人里との交渉の尠《すくな》い比較的狭少な地域で、さまで迷惑にならぬ土地を、神の標山と、此方で勝手に極めて迎え奉るのを、最《もっとも》完全な手段と昔の人は考えたらしい。即《すなわち》、標山は、恐怖と信仰との永い生活の後に、やっと案出せられた無邪気にして、而《しか》も敬虔なる避雷針であった。

◎最初はやはり、標山中の最《もっとも》神の眼に触れそうな処、つまりどこか最《もっとも》天に近い処と言う事になって、高山の喬木などに十目は集ったこと、思う。此《かく》の如くして、松なり杉なり真木《まき》なり、神々の依りますべき木が定った上で、更に第二の問題が起こる。即、其の木が一本松・一本杉という様に注意を惹き易い場合はとにかく、さもないと折角標山を定めた為に、雷避けが雷よびになって、思わぬ辺りに神の降臨を見ることになると困るから、茲《ここ》に神にとっては、よりしろ、人間から言えばおぎしろの必要は起こるのである。

まず、折口は、依代の前提として神々は天降る存在としてとらえていた。『髯籠の話』の「天つ神は地上にはいまさず、祭りの時に限って迎え奉る」という表現から明らかなように、神々は祭りにあたり外から迎えるものと考えた。神々が天降《あまくだ》るに際しては、人里と関係が少なく、人間にとって迷惑にならない狭い場所に神が天降る「標山」が設定された。

さらに、迎える人間が意図するところに神が降るように「依代」が用意されたのだという。不特定の場所へと任意に神が天降るのは、人間の生活・生産にとって極めて不都合であり、これを防ぐため「依代」は不可欠と折口は考えたのである。彼が「依代」を避雷針に例える所以《ゆえん》である。「依代」の語を使う時、神は祭りの場に常在せず祭りの時だけ迎え、終われば「天降りの場に帰られ、其処《そこ》より天馳《あまがけ》り給うもの」という神観が伴っているのである。

このため、「依代」の言葉にとって、祭祀の場は大きな意味をもたないことになる。彼の「神が一旦他処《よそ》に降り、其処から更に祭場に臨み給う」という表現からも神と祭祀の場との関係性はうかがえない。神とは外から迎えるものという折口の神観により作られたのが「依代」である。だから「依代」は、祭祀の場が持つ意味、なぜその場で神を祀らなければならないのか説明していないのである。『髯籠の話』の「大体に於ては、まず人民の希望に合し、彼らが用意した場所に於て、祭りを享《う》けられたことであろう」との見解から推察すると、むしろ祭祀の場は人間側の都合で用意されたと折口は考えていたようだ。つまり、折口の「依り代」に対応する神観では、祭祀の場は大きな意味を持たないことになる。

では、古代の祭祀、特に大場磐雄が取り上げた古墳時代の祭祀において、祭祀の場は大きな意味を持たなかったのだろうか。結論からいうと、決してそうではない。

古墳時代、どのような場所で祭祀は行われたのか。改めて五世紀代の祭祀遺跡の立地条件を確認すると、大きく分けて次の三パターンがあり、そこからは祭祀と祭祀の場との深い関係性を読み取れる。

水辺と祭祀

まず一つ目。最も多いのが、河川や池沼といった水辺に立地するものである。東日本では千葉県館山市の長須賀《ながすか》条里制遺跡、神奈川県平塚市の沢狭《さわさ》遺跡、静岡県浜松市の天白磐座《てんぱくいわくら》遺跡・山ノ花遺跡があり、畿内と周辺地域では奈良県天理市の布留《ふる》遺跡、兵庫県神戸市の白水《しらみず》遺跡と南あわじ市の木戸原遺跡、西日本には愛媛県松前町出作遺跡、大分県日田市荻鶴《おぎづる》遺跡がある。

長須賀条里制遺跡では、水田跡と灌漑用水路、両者を結ぶ水口遺構を確認し、周辺から銅製儀鏡《ぎきょう》や子持勾玉《こもちまがたま》などの祭祀遺物が集中して出土した。灌漑用水に関係する祭祀の痕跡だ。山ノ花遺跡では、矢板を打ち込み護岸した大溝の中から多量に遺物が出土した。大溝に面して流水を強く意識した祭祀が行われたと考えられる。

この他、四世紀末期まで遡る三重県伊賀市の城之腰遺跡は泉に伴う祭祀の場で、五世紀代の奈良県御所《ごせ》市南郷大東《なんごうおおひがし》遺跡は、葛城山《かつらぎさん》から流れ出る水を「導水遺構」で浄化し汲み取る祭祀が推定できる。清い水が湧き出る泉、豊富な水が流れでる山麓で、水を意識して祭りを行っていたことは間違いないだろう。

図28　長須賀条里制遺跡の水田と灌漑用水路（(財) 千葉県教育振興財団提供）

このような祭祀は、六世紀後半から七世紀前半まで受け継がれた。大規模な人工溝に面して高床建物が建ち土製模造品を使い祭祀を行った千葉県館山市の東田遺跡、石で護岸した溝辺で祭祀を行った島根県松江市の前田遺跡は、その良い例である。

奈良県桜井市の三輪山は神奈備《かんなび》山（神がやどる山）信仰の代表例として取り上げられる。その山麓にある祭祀遺跡も水との関係が考えられる。三輪山からは大宮川と狭井《さい》川という小河川が流れでている。主要な祭祀遺跡は、これらの川に面している。現在の大神《おおみわ》神社の境内、その奥の禁足地、二ノ鳥居付近の三輪遺跡は大宮川に面し、巨岩と祭祀遺物が発見された山ノ神遺跡、多数の須恵器が出土した奥垣内遺跡は狭井川沿いに立地する。水源としての三輪山と、そこから流れでる水を意識して主要な祭祀遺跡、祭祀の場は営まれていたといってよいだろう。

交通路と祭祀

二つ目は、水陸交通の要所や難所に立地する祭祀遺跡である。陸奥国《むつ》（東北地方）の玄関口、白河の関の近くには、五世紀前半に成立する祭祀遺跡、福島県白河市の建鉾山《たてほこやま》遺跡がある。常陸国（茨城県）から那珂《なか》川の水系をさかのぼり阿武隈《あぶくま》川水系にぬけ仙台平野にむかう場合、阿武隈川の支流に面する建鉾山周辺の地域は、二つの水系が交わる交通の要衝である。そのランドマークともいえるのが建鉾山なのだ。那珂川沿いに歩みをすすめ、陸奥《みちのく》に足を踏み入れた時、眼前の秀麗な山容に神の存在を感じ、鉄剣などを捧げ祭祀を行ったのだろう。

常陸国の南部には広大な内水面、霞ヶ浦がある。その小島の浮島について『常陸国風土記』信太《しだ》郡条は景行天皇の行宮《あんぐう》伝承を伝えるとともに、九つの社があり人々は言葉も行いも慎んでいたと紹介する。ここは太平洋に通じる水運と東北・北関東に通じる陸路が接する交通の結節点ともいえる場所である。この浮島には尾島貝塚《おじまかいづか》祭祀遺構（茨城県稲敷市）が立地し、五世紀代の古い型式の石製模造品（剣形・有孔円板）と鉄製品・鉄鋌が出土している。五世紀から八世紀までの土器類が出土しており、『常陸国風土記』が記す九つの社の一つに該当する可能性が高い。水陸交通の要所であることと、九つの社が集中するこ

図29　小滝涼源寺遺跡（南房総市教育委員会提供）

とは相互に関係すると考えられる。

また、大和から東海地方を経て海路で東北地方へ向う場合、通らなければならない海の難所が房総半島沖である。その房総半島先端には、南関東で最も古い祭祀遺跡の一つ小滝《おたき》涼源寺《りょうげんじ》遺跡（千葉県南房総市）が立地する。ここでは、伊勢・名古屋周辺で作られた「S字状口縁の甕」とともに鉄剣や鉄鋌を捧げた祭祀の跡が確認された。これらの遺跡からは、大和から伊勢・尾張を通り、房総・常陸を経由し陸奥に至る人の動きがうかがえ、倭《やまと》武命《たけるのみこと》の東征ルートを彷彿とさせる。その要所要所では祭祀が行われていたのである。

目を列島の西に転じてみよう。大和から九州へむかうのに最も重要な交通路は、やはり瀬戸内海航路だろう。そこには、香川県直島《なおしま》町の荒神島《こうじんじま》遺跡、岡山県岡山市の高島岩盤山山頂遺跡、愛媛県魚島村の魚島大木《うおしまおおき》遺跡のように祭祀遺跡が点在する。この延長線上、大和から北九州を経由して最短距離で朝鮮半島に通じる海路上には、宗像《むなかた》沖ノ島の祭祀遺跡が存在する。宗像沖ノ島の神観は、のちに細かくふれたい。

交通路の祭祀は、海路に限らない。大場磐雄が調査したことで著名な長野県の入山峠・神坂峠《みさかとうげ》の祭祀遺跡は、陸路の難所、峠の祭祀の典型例だ。石製模造品等の出土遺物から五世紀代には祭祀が行われていたことは確実で、平安時代まで継続していた可能性は高い。

集落と祭祀

そして三つ目は、集落内の祭祀の場だ。千葉県木更津市の千束台《せんぞくだい》遺跡・マミヤク遺跡が、これに含まれる。集落内の祭祀は、どのような場所で行われていたのか、さらに細かな状況は、群馬県渋川市の黒井峯《くろいみね》遺跡で確認できる。この遺跡は五世紀末期の榛名山《はるなさん》二ツ岳の噴火で噴出した火山灰により埋没した集落跡で、当時の集落の姿がそのまま残されていた。ここでは、竪穴住居、平地住居などが建ちならぶ屋敷内、路傍の木の根元といった場所で土器や石製模造品が出土し、大小の祭祀の痕跡が発見された。中でも最も規模の大きな祭祀遺構は、多量の土器を並べた形の土器集積で、居住の場である屋敷と、畝《うね》を立てた畑との境界に位置していた。

同じ状況は長野県坂城《さかき》町の青木下遺跡Ⅱでも確認できる。人々が生活した集落と稲作の場である水田の境界に、須恵器大甕を中心に土器類を円形に並べた祭祀遺構があり、そこからは、鉄製の刀剣、鏃、鋤先、鎌、刀子などの鉄製品が出土した。須恵器の大甕には酒を入れ土器には食べ物を盛り、豊富な鉄製品などを捧げ神祭りが行われたのだろう。中心となる年代は、六世紀後半から七世紀前半である。黒井峯遺跡、青木下Ⅱ遺跡ともに、耕作地に面した地点で祭祀を行っていた。稲作・畑作の豊かな実りを祈ったのだろう。

祭祀の痕跡、祭祀遺跡・遺構から出土する土器類は、ほとんどが複数の型式にわたる。この事実は、一回のみではなくある程度の年代幅をもって、その場で祭祀がくり返し行われたことを物語る。神を祀るには、その場所でなければならない理由があったからである。古代、祭祀を行うに当たり、祭りの場の立地条件は、間違いなく大きな意味を持っていたのだ。次に、その意味と神観との関係について、考古資料と古代の文献史料とを比較検討して考えてみよう。

山口の神と甘き水

水と関係する祭祀遺跡では神をどのように考え祀っていたのか。それを解き明かす手かがりとなる遺跡に、奈良市の大柳生宮ノ前《おおやぎゅうみやのまえ》遺跡がある。ここでは、南側の丘陵から木津川の支流、白砂川に流れ込む小河川の跡が発掘調査で明らかとなった。その川の中洲には、槽《そう》（水を溜める部分）を削り出した木樋を設置し、導水遺構が作られていた。南の山から流れ出る水を、中洲の木樋で槽に導き浄化し汲みあげるようにした施設である。川跡からは木製刀形などの祭祀遺物と須恵器・土師器の土器類が出土した。

木樋は、先に触れた南郷大東遺跡の導水遺構と共通し、類似した水の祭祀を行ったと考えられる。年代は、須恵器の型式により五世紀から六世紀代を推定できる。

ここで特に重要な点は、この遺跡が「夜伎布山口神社《やぎゅうやまぐち》」の旧社地に隣接することである。夜伎布山口神社は、その名が『延喜式』巻九神名上にある式内社だ。この社の旧社地は、宮ノ前遺跡の西に隣接する大柳生コビロ遺跡で、やはり発掘調査が行われ、奈良時代の土馬が出土したほか、古代から中世の建物跡が発見されている。大柳生宮ノ前遺跡で五・六世紀に行われた水の祭祀は、大柳生コビロ遺跡の八世紀代の土馬をあいだに介して十世紀の式内社「夜伎布山口神社」へと系譜をつなげていた可能性が出てくる。

大柳生宮ノ前遺跡は、山と平地の境、まさに「山口」に当たる場所にある。その山口で、山から流れ出る水を受けて祭祀を行っていた。中洲の導水遺構と周辺から出土した遺物は、山口での水の祭りの実態を示すのではないか。その祭祀の流れが夜伎布山口神社へと繋がったと考えても無理な推定ではないだろう。

このような山口という地形と水との関係、そこにおける神の考え方を具体的に示すのが、『延喜式』神祇巻八にある「広瀬大忌祭《おおいみの》」祝詞である。大忌祭は、すでにふれたように、天武天皇四年（六七五）にみえる、古い国家的な農耕祭祀である。その祝詞には次の表現がある。

倭《やまと》の国の六つの御県《みあがた》の山口に坐す皇神等《すめがみたち》にも皇御孫《すめみま》の命のうずの（立派な）幣帛《みてぐら》を、（中略）奉る。かく奉らば、皇神等の敷き坐《ま》す山山の口より、さくなだりに（勢いよく、どおっと）下したまう水を、甘き水と受けて、天の下の公民の取り作れる奥つ御歳《みとし》（稲）を、悪しき風荒き水に相《あ》わせたまわず、汝《いまし》が命《みこと》の成し幸《さき》わえたまわば、

まず、山の麓の「山口」は、皇神が敷きます所、神が領有する場所なのだという認識が、ここにはある。そして、山口の神は「甘き水」を勢いよく平野へ送り出す。「甘き水」とは、後段の内容から稲作に不可欠な灌漑用水であることは明らかだ。山から水が勢い良く流れでる山口という地形、その自然環境の働きと、山口に坐す神とが対応関係にある。同じ地形に立地する大柳生宮ノ前遺跡の祭祀は、このような神観にもとづくと考えられる。

また、「広瀬大忌祭」祝詞は次の言葉で始まる。

広瀬の川合に称辞竟《たたえごとお》えまつる、皇神の御名を白《もう》さく、御膳《みけ》持たする若うかのめの命と御名は白して、この皇神の前に辞竟《ことお》えまつらく、

奈良盆地の主要河川、初瀬川と葛城川の合流点である広瀬の「川合《かわあい》」。その地形、自然環境の中で、食事を司る若々しい穀物の女神「若うかのめの命」は祀られた。御歳（稲）

図30　宗像沖ノ島の遠景

を八束穂《やつかほ》（立派な穂）に育て上げる穀物の女神は、水田を潤す豊かな水が集まる川合で祀られなければならなかったのである。ここにも、自然環境の働きと神観との対応関係が認められる。自然環境の働きに神を感じて祀る。その働きが現れる場が、神を祀る場なのである。

沖ノ島祭祀の神観

次に、玄界灘の孤島、宗像沖ノ島の祭祀と神観について考えてみよう。宗像沖ノ島の神の性格については、巨岩の上に天降る神と考える説が一般的である。代表的なものは、昭和五十四年（一九七九）刊行の発掘調査報告書『宗像沖ノ島』にある、次の説明である。

沖ノ島の岩上祭祀では、これら前期古墳に伴う副葬品は、神に捧げる奉献品となっており、降神のさいの祭具としての位置を占めている。それとともに滑石製雛形品をつくり、神籬《ひもろぎ》としての岩に懸け、榊の木に飾り吊るしたりして、降神の祭具を多様化させている。（中略）古代祭祀において、自然の偉大な力を畏敬する観念のもとに、自然物を神霊のやどるものとして古代人は崇拝の対象物としていた。巨岩上における石組祭壇は降神にさいしての依代（磐座《いわくら》）であり、中央の大石は榊などを立てる神籬としている。これは神話にいうところの垂直降臨の型である。現在二十一号遺跡は、垂直降臨の形態がうかがわれる代表的な遺跡である。

これは、岩上祭祀、二十一号遺跡の祭祀と神に関する、調査者、松本肇氏の見解である。「降神」「神籬」「依代」の言葉を使い、神は祭祀に当たり天から垂直降臨する存在と考えている。この神観には、折口の「神或は精霊の所在を虚空に求めている」（『髯籠の話』）、大場氏の「随時に天上または山上から、招代を通じて憑来せらるる」（『祭祀遺蹟』）という考え方の影響が大きく、それを前提に、宗像沖ノ島の神観と祭祀について推定しているといってよい。しかし、「依代」の歴史的な検証は必要であり、「神籬」の実態は、先に見たとおり、ここに描くような形ではない。現時点で宗像沖ノ島祭祀の神観を、このように考えてよいのか、予断を抜きにして改めて検討する必要があるだろう。

宗像沖ノ島二十一号遺跡は、前章「古代祭祀の実態」で述べたように、のちの幣帛につながる供献品が出土した五世紀代の遺跡である。また、五世紀には幣帛だけではなく『内宮儀式帳』が記す祭りの構造、祭式が形成されたこともすでにふれたとおりである。五世紀の二十一号遺跡の後、沖ノ島の古代祭祀では、六世紀後半の七号遺跡、七世紀後半から八世紀の五号遺跡と、『内宮儀式帳』と共通した神宝類が捧げられつづけた。

『記紀』の宗像三女神

一方で、五号遺跡が形成された七世紀後半から八世紀は、宗像三女神について記した『記紀』が編纂された時代である。こう考えると、『記紀』の宗像三女神の記載は、沖ノ島の古代祭祀の伝統がつづき、実際に行われていた時代の神観を具体的に示しているといってよい。そこで、改めて『記紀』の宗像三女神に関する記載を確認してみよう。

◎『古事記』上巻―天照大御神、先ず建速須佐之男《たけはやすさのお》命《みこと》の佩《は》ける十拳剣《とつかのつるぎ》を乞《こ》い度《わた》して、三段《みきだ》に打ち折りて、奴那登母母由良爾《ぬなとももゆらに》、天《あめ》の真名井《まない》に振り滌《すす》ぎて、佐賀美邇迦美《さがみにかみ》て、吹き棄つる気吹《いぶき》の狭霧《さぎり》に成れる神の御名《みな》は、多紀理毘売命《たぎりびめのみこと》。亦《また》の御名は奥津島比売《おきつしまひめ》命《みこと》と謂う。次に市寸島比売命《いちきしまひめのみこと》。亦の御名は狭依毘売命《さよりびめのみこと》と謂う。次に多岐都比売命《たきつひめのみこと》。（中略）多紀理毘売命は、胸形《むなかた》の奥津宮《おきつみや》に坐《ま》す。次に市寸島比売命は、胸形の中津宮《なかつみや》に坐す。次に田寸津比売命《たきつひめのみこと》は、胸形の辺津宮《へつみや》に坐す。此の三柱《みはしら》の神は、胸形君《むなかたのきみ》等の以《も》ち伊都久三前《いつくみまえ》の大神なり。

◎『日本書紀』第六段本文—是《ここ》に、天照大神、乃《すなわ》ち素戔鳴尊《すさのおのみこと》の十握剣《とつかのつるぎ》を索《こ》い取りて、打ち折りて三段に為して、天真名井《あまのまない》に濯《ふりすす》ぎて、齰然《さがみ》に咀嚼《か》みて、吹き棄《う》つる気噴《いぶき》の狭霧《さぎり》に生まるる神を、号《なづ》けて田心姫《たごりひめ》と曰《もう》す。次に湍津姫《たぎつひめ》。次に市杵嶋姫《いちきしまひめ》。凡て三《みはしら》の女《ひめかみ》ます。（中略）此《これ》則ち、筑紫の胸肩君《むなかたのきみ》等が祭る神、是なり。

・同一書第一—日神《ひのかみ》（天照大神）（中略）言い訖《おわ》りて、先ず所帯《みはか》せる十握剣を食《お》して生《な》す児《こ》を、瀛津嶋姫《おきつしまひめ》と号《なづ》く。また、九握剣《ここのつかのつるぎ》を食して生す児を、湍津姫と号く。又八握剣《やつかのつるぎ》を食して生す児を、田心姫と号く。凡て三《みはしら》の女神《ひめかみ》ます。（中略）乃ち日神の生《な》せる三の女神を以て、筑紫洲《つくしのくに》に降りまさしむ。因りて教えて曰《のたま》わく、「汝三の神、道の中に降り居《ま》して、天孫《あめみま》を助け奉りて、天孫の為に祭られよ」とのたまう。

・同一書第二—已《すで》にして天照大神、則ち八坂瓊《やさかに》の曲玉《まがたま》を以て、天真名井に浮《う》寄けて、瓊《たま》の端を囓《く》い断ちて、吹き出《う》つる気噴《いぶき》の中に化生《な》る神を、市杵嶋姫命と号《なづ》く。是《こ》は遠《おきつ》瀛《みや》に居《ま》します者《かみ》なり。又、瓊《たま》の中を囓い断ちて、吹き出つる気噴の中に化生る神を、田心姫命と号く。是は中瀛《なかつみや》に居《ま》します者《かみ》なり。又瓊の尾を囓い断ちて、吹き出つる気噴の中に化生る神を、湍津姫命と号く。是は海浜《へつみや》に居します者なり。凡て三の女神ます。

・同一書第三―是《ここ》に、日神、先ず其の十握剣を食して化《お》生《あ》れます児、瀛津嶋姫命《おきつしまひめのみこと》。亦の名は市杵嶋姫命。又九握剣を食して化生れます児、湍津姫命。又八握剣を食して化生れます児、田霧姫命。（中略）即ち日神の生《あ》れませる三の女神を以ては、葦原中国の宇佐嶋《うさのしま》に降《あまくだ》り居《ま》さしむ。今、海の北の道の中に在《ま》す。号けて道主貴《ちぬしのむち》と曰《もう》す。此《これ》筑紫の水沼君《みぬまのきみ》等が祭る神、是なり。

宗像三女神については、『古事記』と『日本書紀』、さらに『日本書紀』の本書と一書でも神名や出生の順序がことなり、『記紀』が編纂された八世紀初頭、すでに三女神の神名には混乱が生じていたようだ。しかし、天照大神と素戔嗚尊（須佐之男命）との誓約《うけい》（結果を決めて、そうなるか否かで判断する占い）で生まれた神々である点では一致する。

また、三女神は、『日本書紀』第六段第一・第三の一書のように、天降った神として描かれる。ただし、これは、日神（天照大神）が筑紫島・宇佐嶋に降したという内容であり、祭祀のたびに天降るという神観を表してはいない。この点は充分に注意する必要がある。

では、当時、三女神はいかに考えられていたのか。それを示すのが、「坐す」「在す」「居します」という表現だ。「ます・まします」と読み、意味は「居られる」である。三女神は、奥津宮《おきつみや》（遠い瀛《おき》＝沖ノ島）、中津宮《なかつみや》（中ほどの瀛《おき》＝大島）、辺津宮《へつみや》（釣川河口の海浜）に居られる（まします）神々で、三女神がまします島と海辺をつないだのが、「海の北の道」なのである。

八女津媛と瀛津嶋姫

「居《ま》します」神を考える上で参考になる記事が、『日本書紀』景行天皇十八年条にある。

> 秋七月（中略）丁酉（七日）に、八女県《やめのあがた》に到る。則ち藤山を越えて、南《みなみの》粟岬《かたあわのさき》を望《おせ》りたまう。詔して曰わく、「其の山の峯岫《みねくき》重畳《かさな》りて、且《また》美麗《うるわ》しきこと甚《にえさ》なり。若《けだ》し神其の山に有《ま》しますか」とのたまう。時に水沼県主《みぬまのあがたぬし》猿大海《さるおおみ》、奏《もう》して言さく、「女神《ひめかみ》有します。名を八女津媛《やめつひめ》と曰《もう》す。常に山の中に居《ま》します」ともうす。故《かれ》、八女国の名は、此《これ》に由りて起れり。

現在の福岡県八女郡周辺で峰が重なる美しい山をご覧になった景行天皇は、その山には神が居られるのではないか、と質問する。これに対し、地元の豪族の水沼県主猿大海は「八女津媛」という神が、山の中に常に居られると答えている。

「水沼県主」は、『日本書紀』第六段一書第三が宗像の神の奉斎氏族とする水沼君で、この記事から宗像三女神を祀る人々は神をどのように考えていたのかがわかる。彼らは、美しい山には、常に神が居ると考えていた。そして、その神名は、八女国の地名の起源であると結んでいる。「八女津媛」の神名は、地名「八女」に「媛」を付けた形である。特定の場所と結び付き、そこに「常に居します」神の性格を示す神名である。そして、八女津媛は、祭祀のたびに天から降る神ではない点、明白だろう。

宗像沖ノ島で祀る女神は、『古事記』では「奥津島比売命」、『日本書紀』第六段一書第三では「瀛津嶋姫命」と異なる漢字を当てるものの、いずれも読みは「おきつしまひめのみこと」である。やはり島の名に「毘売・姫」を付け神名とし、『古事記』では奥津宮＝沖ノ島に「坐《ま》します」神としている。こう考えると、沖ノ島で祀る女神も、「八女津媛」と同様、常に島に居られると考えられていたとみてよい。『記紀』編纂者や祭祀を行った人々は、沖ノ島の神を、祭祀にあたり天から依代に降ってくる神とは考えていなかったのである。

奥津宮・沖ノ島の性格

宗像沖ノ島の祭祀は、四世紀後半に始まったと考えられる。その時代は、日本列島と朝鮮半島との交流が活発化し始める時代であった。朝鮮半島と日本列島を隔てる玄界灘、その只中に屹立するのが奥津宮・沖ノ島である。この沖ノ島を経由すれば、白石太一郎氏が指摘するように、大和王権の中心地、大和と朝鮮半島とを最短で結ぶことが可能になる。しかも沖ノ島には航海で必要な真水が湧く。だから、沖ノ島には常に神がましますと考え、斎戒する島の女神「市杵嶋姫《いちきしまひめ》」の神名がつけられ、現在まで島では厳しい禁忌がまもられてきたのである。

宗像沖ノ島の祭祀遺跡は、島の南側斜面、現在の船着き場の上の巨岩群に四世紀後半以来、多くの捧げ物を納めて形成されてきた。伊勢神宮の場合、神宝・幣帛を納めるのは、神を象徴する御形《みかた》の「御鏡」を奉安する正殿や隣接する宝殿である。そうすると、神宝・幣帛に類する品々を納めた沖ノ島の巨岩群も、伊勢神宮の正殿などに等しい、極めて神聖な場所と認識されていたはずだ。つまり、祭祀遺跡が残る沖ノ島南斜面の巨岩群は、沖ノ島に居《ま》します神「オキツシマヒメ」を象徴する存在なのである。それは、九世紀初頭の『内宮儀式帳』の表現をかりれば、オキツシマヒメの「御形、石にまします」ということになるだろう。

中津宮・辺津宮の祭場

では、中津宮と辺津宮の性格はどうだろうか。

中津宮が鎮座する大島では、中津宮境内の貝塚から、沖ノ島の二十一号遺跡や正三位社遺跡と同時代、五世紀代の土師器杯・壺・坩が採集されており、中津宮境内の西側、御嶽山山頂（標高二二三・二メートル）の御嶽神社境内からも金銅製品・須恵器が採集されていた。このため、沖ノ島と中津宮との関連や祭祀遺跡の存在は推定されていた。

これに加え、平成二十二年（二〇一〇）、御嶽山頂の御嶽神社周辺で発掘調査が実施され、祭祀遺跡（大島御嶽山遺跡）の存在が明らかになった。発掘調査では、須恵器など土器類のほか、容器や琴などの金属製雛形、人形・馬形・舟形の滑石製模造品、鏃・矛・刀子など鉄製品が出土している。沖ノ島の五号・一号遺跡と同じ内容で、年代は七世紀後半から八・九世紀と推定できる。遺物の出土状況からは滑石製模造品や金属製品を山頂付近に並べ、その縁辺に壺・甕を掘り据え供饌した祭祀の姿を復元できる。

辺津宮の周辺でも古代祭祀と関係する遺物が確認できる。現在の宗像大社辺津宮境内の南側、釣川《つりかわ》にのぞむ第三宮址からは、短甲の滑石製模造品一点、仿製銅鏡二面が出土した。この西側には下高宮祭祀遺跡があり、滑石製臼玉・人形・馬形、須恵器《すえき》・土師器《はじき》が出土している。さらに、その西側の医王院の裏からは須恵器・土師器とともに滑石製舟形が出土した。滑石製模造品のうち、短甲は五世紀にさかのぼる可能性が高く、人形・馬形・舟形は沖ノ島一号遺跡のものと同じく八・九世紀と考えられる。辺津宮の周辺は、古代以来の祭祀の場であったと考えてよいだろう。

奥津宮・沖ノ島とともに、中津宮（大島）と辺津宮周辺は、少なくとも『記紀』が編纂された七世紀後半から八世紀、祭祀の場として機能していたのは間違いない。『記紀』の宗像三女神の神観は、このような祭場の状況を前提に語られていたのである。

宗像三女神の神格

こう見てくると、宗像三女神の性格は明確となる。辺津宮がある釣川の河口付近は多くの船が停泊する港湾に適した地形である。河口の西側には現在も神港《こうのみなと》があり、多くの漁船や大島へのフェリーが発着する。その沖合の大島（中津宮）、さらに玄界灘の沖ノ島（沖津宮）を結ぶことで、大和と朝鮮半島を最短で結ぶ海上の道が成立する。このルートは、四世紀後半から五世紀にかけて、日本列島に貴重な鉄資源をもたらし、最新の知識・技術を伝えた。大和王権にとっては生命線ともいえる大きな機能を果たしたはずだ。この海上の道を成り立たせていたのが、奥津宮・中津宮・辺津宮の自然環境だったのである。

また、激しい水の動きを示す「だぎり・たぎつ」に姫をつけた「多紀理毘売命」「湍津姫命」の名は、島々や河口周辺での激しい潮流に神を感じてつけた神名といえる。

『日本書紀』第六段一書第三は、宗像三女神について「海の北の道の中におられて、道《ち》主貴《ぬしのむち》（道中の神）と名づける」と書く。海の北の道とは、言うまでもなく朝鮮半島にいたる海上の道、航路である。この航路の起点となる河口の港湾、それを中継する島々。古代の人々は、この自然環境の働きに神を感じて宗像三女神とし、その働きがあらわれる場所で祭祀を行っていたのである。

自然環境と神観

五世紀代、日本列島の各地で成立した祭祀遺跡は、先に見たように、水とかかわる場所、水陸交通の要所や難所に立地する例が多い。そのような祭祀遺跡の立地状況、そして『延喜式』広瀬大忌祭祝詞、『記紀』神話、さらに、これらと比較検討した大柳生宮ノ前遺跡、宗像沖ノ島祭祀遺跡を加え総合して考えると、古代の人々は、自然環境の特別な働きに神を感じ祀っていたと結論づけてよいのではないか。『延喜式』祈年祭祝詞に出てくる「水分《みくまり》に坐す皇神」「山の口に坐す皇神」も、この神観をよく表わしている。「水分」つまり分水嶺にまします神は、水を分けて灌漑用水となる水を平野に流し、山の口にます神は、その山で豊かな材木を供給する。

しかし、神がもたらすのは恵みだけではない。『延喜式』龍田風神祭祝詞が「五《いつ》の穀物《たなつもの》を初めて、天の下の公民《おおみたから》の作る物を、草の片葉《かきは》に至るまで成したまわぬこと、一年二年《ひととせふたとせ》にあらず、歳数多《としまね》く傷《そこな》える」と記すように、龍田の神は数年にわたって農作物を実らせない災害をもたらす存在でもあった。

初瀬《はつせ》川と葛城《かつらぎ》川は、「若うかのめの命」を祀る広瀬の川合いで合流し大和川となる。龍田の地は、この大和川が生駒《いこま》山系と葛城山系の間を分断し河内方面へ流れでる場所で、ここから大和盆地へと風が吹き込んでくる。強く荒い風は農作物に悪影響を与える。このような地形的な条件、自然環境の働きが、風神の祭祀詞の神観と関係しているのである。つまり、ここでいう自然環境の働きとは、人間の生活・生産にとって不可欠な恵みだけでなく、風水害などの災害を含んでいたと考えるべきだろう。

この神観は水陸交通にもあてはまる。宗像沖ノ島のように交通に利便性を与える自然の働きと同時に、難所として障害を与える働きに神を感じていた。『播磨国風土記』『肥前国風土記』は、往来の人々に危害を加える神々を筆録するが、これら神々はその典型例だ。
このような神々への祭祀は、自然環境の働きが具体的にあらわれる場で行われた。だから、神は祭祀のたびに天降るのではなく、その働きがあらわれる場所に「坐《ま》す」「居《ま》します」のである。『延喜式』九・十巻神名には「龍田坐天御柱国御柱神社《たつたにますあめのみはしらくにのみはしらじんじゃ》」「広瀬坐《ひろせにます》和加宇《わかう》加売命神社《かのめのみことのじんじゃ》」のように、特定の地名に坐す神の神社という表現がみられる。神が居られる場が祭祀の場・神社であるという考え方を示す神社名である。神は祭祀のたびに天降る存在ではないことが、ここからもわかる。

五世紀中頃までに、大和王権から供与された品々を捧げ、共通した祭式により祭祀を行う形が列島内の各地で成立する。各地の自然環境の働きに神を感じ、その働きが現れる場所で、大王や各地の首長は神を祀った。この結果、祭祀遺跡は形成されたのである。こう考えると、祭祀の目的は明らかになるだろう。

起伏にとんだ複雑な地形がひろがり、四季の変化が明瞭な日本列島の自然は、豊かな恵みを与える反面、風水害、地震、火山噴火など多くの災害をもたらした。恵みと災害の相反する働きをもつ日本列島の自然環境。それが、古代の神観の根底にはあった。我々の祖先が信仰した神々は、恵みを与える一方で、神意にそむけば災い（祟り）をもたらす存在なのだ。この神々を祀ることで、日々の生活の安寧と生業の安定を図る。ここにこそ、祭祀を行う目的、祭祀の本質があった。自然環境の働き＝「神」に、注意深く丁寧に接すること＝「祭祀」を怠れば、災いを招き、最悪の場合、死につながる危険性をはらんでいたのである。これは現代社会でも同じはずだ。

このような神の考え方は、祭祀のたびに「依代」に天降る神では説明しにくい。神＝自然環境の働き、それがあらわれる場＝祭祀の場という関係、神と自然環境の深い結びつきの中で初めて理解できるように思われる。

祭祀と国家領域

では、なぜ五世紀の日本列島で、このような祭祀の形が成立したのか。ここで考えておく必要があるだろう。その手がかりになるのが、埼玉県行田市の埼玉古墳群の稲荷山古墳から出土した鉄剣の金象嵌銘だ。銘文は「辛亥年七月中に記す」に始まり、「上祖」の意富比垝《おおひこ》（オオヒコ）から乎獲居臣《おわけのおみ》（オワケノオミ）まで八代の系譜を書き、最後に獲加多支鹵《わかたける》大王（ワカタケル大王）の天下統治をオワケノオミが補佐した由来を記し結んでいる。ワカタケル大王は「大長谷若武命《おおはつせわかたけるのみこと》」（『古事記』の表記、雄略天皇）で、古墳の年代をあわせれば、冒頭の辛亥年は西暦四七一年に当てるのが妥当である。この銘文に記された「治天下」「大王」という文字からは、すでに五世紀後半、大王が統治する天下という、初期の国家領域の意識が形成されていたといえるだろう。

大王が統治する領域内の自然環境の働きに神を見て、共通した捧げ物と祭式で、大王と各地域の首長が祭祀を行う。これが、五世紀代、列島内で祭祀遺跡が展開した背景なのである。この国家領域の東辺に位置したのが、福島県の建鉾山祭祀遺跡や千葉県小滝涼源寺遺跡であり、鹿島神宮に隣接し五世紀前半の滑石製模造品が出土した茨城県鹿嶋市の宮中条里大船津地区であった。一方の西端に位置したのが宗像沖ノ島祭祀遺跡であった。これらのうち、宮中条里大船津地区の香島（鹿島）郡、小滝涼源寺遺跡の安房郡、宗像沖ノ島の宗像郡は、七世紀中頃から八世紀初頭までに神郡（神評）となった。そこは、国家領域の中で特に水陸交通の枢要な場所、国家として重要な地点として大和王権に認識され、その重要な環境の働き＝神を祀る場となっていたのである。

神観・祭祀と『礼記』

日本列島内で祭祀遺跡が明確化する五世紀という時代は、神の考え方、神観が成立する上で大きな画期となっていたと考えられる。これも稲荷山古墳の鉄剣銘が参考となる。鉄剣銘で「祖」と「治天下」の文字が大きな意味をもつことは先に見たとおりだが、漢字なので出典は、やはり漢籍にもとめざるを得ない。その候補の一つに、漢時代に編纂された礼の書『礼記《らいき》』が考えられる。『礼記』の「祭法」第二十三に「祖」「天下」の文字があり、つづく「祭義」第二十四には「治天下」の文字がある。特に、祖先と神の祭祀を説く「祭法」で、稲荷山古墳の鉄剣銘にある「祖」と「天下」の文字がともに使われている点は注目すべきである。

ワカタケル大王＝雄略天皇は、四七八年、中国南朝の宋へと上表文を送った倭王「武」にあたる。宋書に残る彼の上表文は、漢文の修辞を駆使しており、五世紀代の大和王権内には漢籍に通じた人物がいたと考えられる。そうすると、鉄剣の銘文と『礼記』との関係を考えてもあながち無理な推定ではないだろう。

この『礼記』祭法第二十三には、神と祭祀のあり方、それと「天下」との関係を説明する次の一節がある。

> 王宮に日を祭り、夜明《やめい》に月を祭り、幽禜《ゆうえい》に星を祭り、雩禜《うえい》に水旱を祭り四坎壇《しかんだん》に四方を祭る。山林川谷丘陵の能く雲を出し風雨を為し怪物を見《あら》わすを皆、神と曰う。天下を有《たも》つ者は百神を祭る。諸侯は其の地に在れば則ち之を祭り、其の地を亡《うしな》えば則ち祭らず。

王宮で日神を祭ることにつづき、月神、星神、水旱の神を祭ることを述べ、「神」とは何かについて説明する。曰く、山林や川・谷、丘陵で雲を出し風雨を起こして不思議な働きをしめすもの全てが神であると。これは自然環境の働きに神を見るもので、『延喜式』祝詞や祭祀遺跡の立地状況から推測できる神観と基本的に一致する。

つづく祭祀の内容も重要だ。天下をたもつ＝統治する者（王）は、多くの神々を祭り、各地を治める諸侯はその地の神を祭るという形を示す。これは、五世紀代の祭祀が、共通の捧げ物と祭式で行われただけではなく、各地の首長は各地域の祭祀を行っていた状況と一致する。五世紀代、祭祀遺跡が明確化する背景と、その神観と祭祀の形には、『礼記』祭法との関係を推定できるように思われる。

日本列島に暮らした人々は、自然の働きに神秘的な力を感じ、畏敬の念をもって接してきたはずだ。その歴史は縄文時代まで遡るだろう。土偶・石棒・異形土器、環状盛土遺構など特殊な遺物・遺構の存在から充分に推測可能である。稲作を受容した弥生時代には、のちにつながる神観や祭祀の原形が形成されていた可能性は高い。しかし、その信仰の対象に「神」の文字を当て、それへの宗教行為・儀礼に「祭」の文字を使っていたかは不明である。

先に見たように「祖」「天下」の出典が『礼記』祭法にあるとすれば、そこに書かれている「神」「祭」の文字と考え方も、五世紀代、大和王権の中枢にいた人々は知っていたはずだ。日本列島で「祖」「天下」という文字の受容を確認できる五世紀、同時に「神」「祭」の文字も受容していたのではないか。「天下」の文字と国家領域の考え方を取り入れただけではなく、天下＝国家領域内の自然環境の働きを「神」とし、これを大王と地方首長が「祭る」形も『礼記』をもとに整えられた。ここに五世紀代、列島内の広範囲で祭祀遺跡が明確化する背景があると私は考える。

大宝元年（七〇一）、日本の祭祀は、伝統的な要素を配慮しながら、中国唐の「祠令《しれい》」にもとづき整理され『大宝令』神祇令に規定された。五世紀、これと類似したことが、『礼記』にもとづき行われていたのではないか。本書「古代祭祀の実態」の章で、五世紀は新たな技術が導入され、それにより最新・最良の捧げ物のセットが成立、これが「幣帛」の起源となったと述べた。これは単に捧げ物だけでなく、信仰の対象たる「神」、宗教行為の「祭」そのものも、最新の漢籍の知識により文字を当てはめ整えられたのではないだろうか。

実は、祭祀遺跡が明確化するのと歩調を合わせるように「祖」と関係する古墳の祭祀・儀礼の形は大きく変化した。両者のうごきは相互に関係していたはずだ。この点は、のちに「祖への信仰と祭祀」の章で細かく考えてみたい。

その前に、次の「古代の富士山信仰と火山祭祀の系譜」では自然環境と古代の神観の関係について、災害の視点からもう少し深く掘り下げてみよう。

古代の富士山信仰と火山祭祀の系譜

富士の神

日本列島の災害を特徴づけるものに火山噴火がある。火山の噴火も、古代の神観・祭祀と深く結びついている。それを象徴するのが、富士山の噴火と祭祀の記録である。

平成二十五年（二〇一三）六月、富士山は、文化的な価値が評価され「世界遺産」に登録された。その文化的な価値には、信仰対象という性格が含まれている。

日本人は、古来、高い山、美しい山に神を感じ信仰の対象としてきた。富士山の場合、八世紀前半に編纂された『常陸国風土記』筑波郡条に、福慈《ふじ》の岳（富士山）にいる「福慈の神」が登場する。ここでは、福慈の神は、祖先の神（神祖の尊）の宿りを断ったため、富士山は冬も夏も雪・霜に閉ざされ、人々が近付かない山となったと書かれている。

八世紀、富士山は『万葉集』でも詠われている。巻三にある山部赤人の歌「田児の浦ゆうち出でて見れば真白にぞ不尽《ふじ》の高嶺に雪はふりける」は、その代表例だろう。雪が降る山のイメージは『常陸国風土記』の説話と重なる。また、巻三には「不尽山を詠う歌一首」として次の歌がある。

（前略）石花《せ》の海と　名づけてあるも　その山の　つつめる海ぞ　不尽河《ふじかわ》と　人の渡るも　その山の　水の激《たぎ》ちそ　日の本の　大和の国の　鎮めとも　座《い》ます神かも　宝とも　生《な》れる山かも　駿河なる　不尽の高嶺は　見れど飽かぬかも

水源としての富士山と山麓の湖水についてふれ、豊富な水を恵む美しい雄大な山、富士山は国の鎮めの神であると詠っている。

天応・延暦の噴火

八世紀末期、このような富士の神に新たな面が確認できるようになる。富士山の火山活動が活発化したのである。その経緯を『続日本紀』と『日本紀略』でたどってみよう。

◎『続日本紀』―天応元年七月癸亥（七日）。駿河国言《もう》す。富士山の下《ふもと》に灰を雨《ふ》らす。灰の及ぶ所は、木葉彫縮すと。

◎『日本紀略』―延暦十九年六月癸酉（六日）。駿河国言す。去んぬる三月十四日より四月十八日まで、富士山の巓《みね》自ずから焼けぬ。昼は則ち烟気暗瞑にして、夜は則ち火光天を照らしき。其の声雷の如く、灰の下ること雨の如し。山の下の川水は皆紅色なりきと。

◎『日本紀略』―延暦廿一年正月乙丑（八日）。是日、勅すらく。駿河・相模国言す。駿河国富士山、昼夜烜燎《けんりよう》し、砂礫は霰《あられ》の如しとてえり。之を卜筮《ぼくぜい》に求むるに曰く。ここに疫さんと。宜しく両国をして鎮謝を加え、ならびに経を読み以て灾殃《さいおう》を攘《はら》わしむべしと。

奈良・平安時代と続く富士山の噴火活動は、天応元年（七八一）に始まり、延暦十九年（八〇〇）・同二十一年と大規模な噴火が発生した。昼夜にわたり噴火し、周辺に火山灰を降らせ、その影響か川の水は赤く染まったという。これは、富士山北東斜面が噴火し、山中湖方面へと鷹丸尾《たかまるび》溶岩《ようがん》などを流出させた火山活動に対応する。『日本紀略』延暦二十一年五月甲戌（十九日）条には「相模国の足柄路を廃し、筥荷途《はこねみち》を開く。富士焼砕石の道を塞ぐをもってなり」とある。東海道の幹線道路であり、坂東の玄関口、足柄峠の官道が、富士山の火山礫《れき》で使用不能になり筥荷途（箱根道）が開かれたことを伝えている。一年後の延暦二十二年五月八日に足柄路は復旧したが、朝廷は富士山噴火の脅威を実感しただろう。

この火山活動に対処するため朝廷は、次の対応をとっている。まず、卜筮で噴火について占い、疫病が流行る前兆と出る。これを受け朝廷は、駿河・相模の二国に「鎮謝を加え」させるとともに、災害を防ぐため読経を行わせている。この「鎮謝」は「鎮《しず》めまつる」との意味であり、噴火を鎮める祭祀を行ったことを示している。

この後、富士の神は「浅間大神《あさまのおおかみ》」として、たびたび正史に姿を表すようになる。『文徳天皇実録』によると仁寿三年（八五三）七月五日に駿河国の浅間神は、特に霊験が著しい名神《みょうじん》となる。そのわずか八日後の七月十三日には「浅間大神に従三位を加わう」とあり従三位の神階が授与された。当時の律令政府には極めて重要な神という認識があったのである。おそらく、延暦十九・二十一年の噴火活動が影響していたのだろう。

浅間大神と水・噴火

この九世紀の富士山について細かな記録を残す文献がある。『文徳天皇実録』の編纂にも参画した文人官僚、都良《みやこのよし》香《か》（八三四—七九）が著した『富士山記』である。その富士の神と祭祀に関する記事を見てみよう。

◎貞観十七年（八七五）十一月五日、吏民旧《もと》に仍《よ》り祭を致す。日午《ひご》に加わるに天甚《はなは》だ美晴す。山峯を仰ぎ観るに、白衣の美女二人有りて、山嶺上に双舞す。嶺を去ること一尺余。

◎古老伝えて云わく。山は富士と名づく。郡名を取るなり。山に神有り。浅間大神と名づく。

図31　富士山本宮浅間大社湧玉池

富士山という山の名は、郡の名に由来し、その山には「浅間大神」という神がいると書いている。「浅間」は火山活動に由来するとの説もあるが、その語源については細かなところはわかっていない。ただ、富士の神を「浅間大神」と呼ぶ神名は、先の『文徳天皇実録』の記事から少なくとも九世紀には存在していた。また、この神に対する祭祀は、「貞観十七年十一月五日、吏民旧に仍り祭を致す」とあるから、貞観十七年の時点ですでに伝統的なものであったと推測できる。さらに祭りの当日、蒼い空を背景に白衣の美女二人が富士山頂上で舞うのが目撃されたという。この時点で、すでに富士の神（浅間大神）と女性のイメージとが結びついているのも興味深い。

このような浅間大神の性格について、当時の人々はどう考えていたのか。それは『富士山記』の次の内容からうかがえる。

◎頂上に平地あり。広さ一里許《いちりばかり》。その頂中央の窪下《わか》の体、炊甑《すいそう》のごとし。甑底に神池あり。池中に大石あり。石の体は驚奇にして宛《あたか》も蹲《うずくま》る虎のごとし。

◎大泉あり。腹下より出で、遂に大河となる。その流れ、寒暑水旱に盈縮《えいしゅく》の有るなし。

◎山東の脚下に小山あり。土俗、これを新山と謂《い》う。もと平地なり。延暦廿一年三月に雲霧晦冥《かいめい》、十日にして後に山となる。蓋《けだ》し、神の造りしなり。

富士の神、浅間大神の性格の一つは、水との関連である。富士山頂には神池があり、富士山からは大泉が湧き、それは夏や冬、旱魃《かんばつ》でも水量は変化しなかったとする。浅間大神は豊富な水を恵む神と考えられていたのである。これは、『万葉集』巻三「不尽山を詠う歌一首」と一致する性格だ。

水を恵むという浅間大神の働きを象徴するのが、静岡県富士宮市の富士山本宮浅間大社《せんげんたいしゃ》境内の湧玉池《わくたまいけ》である。富士山の溶岩流を通ってきた清冽な伏流水が滾々《こんこん》と豊富に湧出するところだ。十世紀の天暦年間（九四七―五七）、駿河守であった平兼盛は、彼の歌集『兼盛集』に次の歌をのこしている。

駿河にふし（富士）という所の池にはいろいろなるたま（玉）なんわくという。それにりんし（臨時）の祭しける日よみてうたわする。

「使うべきかずにおとらん浅間なるみたらし河のそこにわく玉」

豊富な水が湧く湧玉池《わくたまいけ》は、浅間大神の水を恵む働きが発現する場であり、色々な玉（魂）が湧くともいわれ、平安時代の十世紀、祭祀の場となっていた。水を恵む浅間大神の働きを象徴する場は祭祀の場となり、富士山本宮浅間大社へとつながったのであろう。

もう一つは、噴火により山をも造る大きな力を持つ神という認識だ。『富士山記』が伝える延暦二十一年の噴火と新山の出現は、さきの『日本紀略』延暦二十一年の噴火記事に対応する。「十日にして後に山となる。蓋し、神の造りしなり」という記載から、噴火による造山活動を神の働きとみていたのは明らかだ。それは、東海道の幹線道路、足柄路を通行不能にした噴火であった。噴火という浅間大神の働きは、九世紀後半の貞観六年（八六四）、大きな事件をひき起こした。

貞観の大噴火

貞観六年、富士山の北西麓で側火山《そっかざん》が大噴火し、大きな被害が発生した。その経緯は、正史『日本三代実録』に詳しいので、これをもとに噴火の状況と朝廷の対応をたどってみよう。まず、噴火の第一報は駿河国からもたらされた。

貞観六年五月廿五日庚戌。駿河国言えらく。富士郡正三位浅間大神の大山に火あり。

其の勢《いきおい》甚だ熾《さかん》にして、山を焼くこと方一二里許《ほういちりばかり》、光炎の高さ廿丈許《にじゅうじょうばかり》、大いに声あり雷の如し。地震《ないふ》ること三度、十余日を歴《ふ》れども、火なお滅《き》えず、岩を焦がし嶺を崩し、沙石《させき》雨の如く、煙雲鬱蒸《うつじょう》して人近づくを得ず。大山の西北に本栖《もとす》の水海《みずうみ》あり、焼けし岩石、流れて海の中に埋れ、遠さ卅里許《さんじゅうりばかり》、広さ三四里許《さんしりばかり》、高さ二三《にさん》丈許《じょうばかり》、火焔遂に甲斐国境に属《つ》くと。

富士山の北西麓の側火山、石塚火口の噴火である。噴出した溶岩は本栖湖に流れ込んだ。灼熱の溶岩は高さ二〇丈（約六〇メートル）まで噴き上がった。これに続き七月には甲斐国から報告が入り、被害の全貌があきらかとなる。

七月十七日辛丑。甲斐国言《もう》す。駿河国富士大山、忽ちに暴火有り。崗巒《こうらん》を焼砕し、草木を焦煞《しょうさつ》す。土を鑠《とか》し石を流し、八代《やつしろ》郡本栖、并《ならび》に剗《せ》の両の水海《うみ》を埋む。水熱くして湯の如く、魚鼈《ぎょべつ》皆死に、百姓の居宅、海と共に埋れ、或いは宅有りて人無きもの、其の数記し難し。両の海より東にまた水海有り。名づけて河口の海と曰う。火焔赴きて河口の海に向いき。本栖、剗等の海の未だ焼け埋れざるの前、地は大いに震動して雷電暴雨あり、雲霧晦冥にして、山野弁《わか》ち難く、然る後に此の災異有りきと。

七月までには、石塚火口と東に隣接する長尾山、その南東にある氷穴火口列から大量の溶岩が噴出し、『万葉集』にも詠われた「剗の水海」（石花の海）のほとんどを埋めてしまった。溶岩の熱で湖水は沸騰して魚は死滅し、湖畔で生活していた多くの人々の家々は溶岩に呑み込まれた。さらに溶岩流は河口湖方面まで広がった。甲斐国では大きな人的・物的な被害が発生、そこに暮らしていた人々の生活・生産は重大な危機に直面したのである。この時に埋もれ残った「剗の水海」の東端が、現在の富士五湖の西湖、北西端が精進湖《しょうじこ》で、噴出した溶岩は青木ヶ原樹海の基盤層となっている。いかに広い範囲に溶岩が流出し、大きな被害を与えたかがわかるだろう。

鎮謝の祭祀

噴火と被害の報に接した朝廷は、早速、善後策を講じ甲斐国に命令を下した。

八月五日己未。甲斐国司に下知して云いけらく。駿河国富士山に火ありて、彼の国言上す。之れを著亀《しき》に決するに云わく、浅間名神の禰宜《ねぎ》祝《はふり》等、斎敬を勤めざるの致し所なりと。仍《よ》りて応《まさ》に鎮謝すべきの状、国に告知し訖《おわ》んぬ。宜しく亦《また》幣を奉りて解謝すべきなりと。

この時も延暦二十一年と同じく、まず著亀《しき》（占い）で噴火原因を探っている。その結果、浅間大神に仕える禰宜・祝等（神職）が厳格に祭祀を行っていなかったことが原因と判明する。これを受け朝廷は、駿河国に対し浅間大神への鎮めの祭り「鎮謝」を命じていたが、同様の解謝の祭祀が甲斐国にも命じられた。ここでは延暦二十一年と同じ「鎮謝」とともに「解謝」の文字が使われる。貴重な品々である幣（幣帛）を捧げ、人為では抗い得ない神の働き、噴火を鎮め、解きまつる「鎮謝・解謝」の祭祀が行われたのである。

ところが、これで事態は収拾に向わなかった。翌年の貞観七年、浅間大神は神意を託宣で示し、甲斐国に新たな浅間神社が創祀されることになる。

> 貞観七年十二月九日丙辰。勅して、甲斐国八代《やつしろ》郡に浅間明神の祠を立てて官社《かんしゃ》に列《つら》ね、即ち祝禰宜《はふりねぎ》を置き、時に随いて祭を致さしめたまいき。是より先彼の国司言えらく、往年、八代郡に暴風大雨、雷電地震あり、雲霧杳冥して、山野を弁《わきま》え難く、駿河国の富士大山の西峯、急に熾火《しか》有りて巌谷を焼き砕きき。今年、八代郡の擬大領《ぎたいりょう》無位《むい》伴 直真貞《とものあたいまさだ》、託宣して云わく、我は浅間明神なり。此の国に斎《いつ》き祭らるを得むと欲し、頃年《けいねん》、国吏のため、凶咎《きょうきゅう》を成し、百姓の病死を為す。然るに、未だ曽て覚悟せず。仍《よ》りて此の恠《しるまし》を成せり。早く神社を定め、兼ねて祝禰宜を任じ、宜しく潔め奉祭《まつ》るべしと。真貞の身、或いは伸びて八尺ばかり、或いは屈みて二尺ばかり、体を変えて長短をなし、件《くだん》等の詞を吐きき。国司、之を卜筮《ぼくぜい》に求むるに、告ぐる所、託宣に同じかりき。是に於て明神の願に依り、真貞をもって祝と為し、同郡の人伴秋吉を禰宜と為し、郡家《ぐうけ》以南に神宮を作り建て、且つ鎮謝せしめき。

大噴火の翌年、富士山の北麓、甲斐国八代郡の擬大領（定員外の郡司）であった伴直真貞に浅間大神が乗り移り託宣を下した。浅間大神は、甲斐国でも祀られたいと思い、様々な災いをなす怪異を示してきたが、人々は神意を理解しなかったので、大噴火を起こしたのだ。だから早く神社を定め神職を任命して祭祀を行えという内容だ。伴真貞は、体を八尺（約二・四メートル）に伸ばしたかとおもえば、二尺（約六〇センチ）に縮めるという不思議をおこしながら託宣を下した。

ここで、甲斐国司は卜筮（占い）で託宣を確認したところ、託宣の内容と一致した。そこで、八代郡の郡家（郡役所）の南に新たに神宮を創祀し、託宣を下した伴真貞を祝、同族の伴秋吉を禰宜として鎮謝の祭祀を行ったのである。この神宮は、現在、河口湖東岸に鎮座する河口浅間神社へとつながると考えられる。

現在の河口浅間神社の門前、西川遺跡では限られた面積ながら発掘調査が行われている。その結果、八・九世紀代の土器類、「川」の字を記した墨書土器、駿河国から持ちこまれたと考えられる製塩土器が出土した。識字層の存在を示す墨書土器、駿河方面との交通を裏付ける製塩土器が、限られた発掘調査でも出土した点は非常に重要で、河口浅間神社の周辺は、古代の八代郡の中で重要な場所であったことがうかがえる。貞観七年に創祀された神宮は、郡の中心である郡家に隣接して建てられた。西川遺跡の出土遺物は、その神宮と河口浅間神社とが関係する可能性を示している。

溶岩と神の社宮

また、貞観の大噴火で噴出した溶岩は不思議な現象を示した。『日本三代実録』貞観七年十二月九日条は、続けて次のように書いている。

然《しか》りと雖《いえど》も異火の変今に止まず。使者を遣《や》りて検察せしむるに、剗の海を埋めること千町許《せんちょうばかり》、仰ぎて之を見るに、正中最頂に社宮を飾り造り、垣四隅に有り、丹青石《たんせいせき》を以て其の四面に立つ。石の高さ一丈八尺許、広さ三尺、厚さ一尺余なり。石の門を立つると相去ること一尺、中に一重の高閣有り。石を以て搆《つく》り営み、彩色の美麗言うに勝《た》うべからず。望請《のぞみねが》わくは、斎《いつ》き祭り、兼ねて官社に預《あずか》らんと。従《ゆる》したまいき。

鎮謝の祭祀を行っても、噴火はすぐに沈静化へは向わなかったようだ。国府は使者を派遣して「剗の海」を埋め立てた溶岩の状況確認を行っている。この時、使者は不思議な光景を目撃した。約一〇〇〇町（約一〇〇〇ヘクタール）にわたって剗の海を埋めた溶岩流の中央頂上には自然と神の社宮（神社）ができていた。神社は、周囲に垣がめぐり、四面に丹青石（赤・青の美しい石）が立ち、石の門がある。中には石の社殿があり、その彩色は表現のしようがないほど美しかったという。

当時の人々は、噴火活動を神の働きの発現と考えただけではなく、噴出した溶岩が見せた自然の造形そのものにも神の神秘的な力と働きを感じ取っていたのである。だから、ここは祭祀の場となり、朝廷が幣帛を捧げる官社となっている。

火山祭祀、神津島の場合

このような火山活動への祭祀は、富士山に限ったことではなかった。九世紀には、日本列島の各地で火山が噴火し祭祀が行われた。いくつかの事例をみてみよう。富士山の貞観大噴火の二四年前、富士山からさほど遠くない、伊豆諸島の神津島近海で海中火山が噴火した。その様子を『続日本後紀』承和七年（八四〇）九月二十三日条は次のように伝えている。

去んぬる承和五年七月五日夜火を出だす。上津嶋《こうづしま》（神津島）左右海中焼けぬ。炎は野火の如し。十二童子相接し炬《かがりび》を取り、海に下し火を附く。諸童子は潮を履《ふ》むこと地の如く、地に入ること水の如し。大石を震い上げ、火をもって焼き摧《くだ》き、炎は煬《さかん》にして天に達する。その状朦朧《もうろう》として、所々の燄《ほのお》は飛び、その間旬《あいだとおか》を経る。灰雨《ふ》り部に満つ。仍《よっ》て諸祝刀禰《はふりとね》等を召し集め、その祟りを卜い求むるに云く。阿波神《あわのかみ》は三嶋大社の本后《ほんごう》にして五子を相生めり。しかるに後后は冠位を授かり賜い、我本后は未だにその色《しき》に預からず。茲《ここ》に因りて我殊に恠異《かいい》を示す。まさに冠位に預からんとす。もし禰宜祝等この祟りを申さざれば、麁火《あらび》を出だしまさに禰宜等を亡ぼさんとす。国郡司の労《はたら》かざれば、まさに国郡司を亡ぼさんとす。もし我が欲する所を為さば、天下の国郡は平安にして、産業《なりわい》をして豊かに登《みの》らしむ、と。

承和五年、神津島（上津嶋）の近海で発生した噴火の原因は、やはり卜占で明らかにされた。この時は、三嶋の神の本后である阿波神に先んじて後后の神へと冠位を授与したことが噴火の原因と判明する。ここでは噴火を「祟り」と書いており、噴火は神意に背いた結果の「祟り」と考えていたのは明白だ。阿波の神は、もし、この祟りに対応しなければ、禰宜など神職と国・郡司を亡ぼすと予言する反面、神意にもとづく対応を行えば、天下の平安と産業の豊かな稔りを保障する。神の祟りへの対応は、人々の生活の安寧と生業の安定を左右すると考えられていたのである。

鳥海山・開聞岳の場合

富士山の貞観大噴火の七年後、東北地方の出羽国で鳥海山《ちょうかいさん》が噴火、その三年後には日本列島の南端、薩摩国で開聞岳《かいもんだけ》が噴火した。清和天皇の貞観年間、列島内では火山災害が頻発した。『日本三代実録』の該当記事をみてみよう。

◎貞観十三年五月十六日辛酉、是より先、出羽国司言《もう》しけらく、従三位勲五等大物忌《おおものいみ》神社、飽海《あくみ》郡の山上に在り。巌石壁立し、人跡到ること稀に、夏冬雪を戴き、禿げて草木無し。去る四月八日、山上に火有りて土石を焼き、又声有りて、雷の如く、山より出づる河は、泥水泛溢《はんいつ》して其の色青黒く、臭気充満して人聞《か》ぐに堪《た》えず。死魚多く浮き、擁塞《ようさい》して流れず。両《ふたつ》の大蛇有り、長さ十丈ばかり、相流れ出でて海の口に入り、小蛇の随う者、其の数を知らず。河に縁《そ》える苗稼《びょうか》の、流れ損うもの多く、或は濁水の臭気に染み、朽ちて生《そだ》たず。古老に聞くに、未だ嘗《かつ》て此の如き異有らず。但し弘仁年中、山中に火《ひ》見《あらわ》れ、其の後幾《いくば》くならずして、兵仗の事ありきという。之を蓍亀《しき》に決するに、並びに、彼の国の名神禱《いの》りし所に未《いま》だ賽《かえりもうし》せず、又塚墓《ちょうぼ》の骸骨、其の山水を汚《けが》ししに因《よ》り、是れに由《よ》りて怒を発して山を焼き、此の災異を致す。もし鎮謝せずば、兵役有るべしと云うと申しき。是の日、国宰《こくさい》に下知して、宿禱に賽し、旧骸を去り、并せて鎮謝の法を行わしめき。

◎貞観十六年七月二日戊子。地震《ないふ》りき。大宰府言しけらく、薩摩国従四位上開聞神《ひらききのかみ》の山頂に火有りて自ずから焼け、煙薫りて天に満ち、灰沙雨の如く、震動の声百余里に聞こえ、社に近き百姓震恐して精を失う。蓍亀《しき》に求むるに、神封戸《ふこ》を願い、及び神社を汙穢《おわい》せるに仍りて此の祟を成すなりと。勅して封《ふ》二十戸を奉りたまいき。

鳥海山・開聞岳の噴火はともに、まず蓍亀（占い）により神意が確認された。鳥海山の大物忌の神の場合は、祈願に対する報賽《ほうさい》（お礼の祭祀・捧げ物）がなく、墓の遺骸が山から流れ出る水を汚していたことが噴火の原因と判明した。山水を汚したことが神の怒りにつながるという点からは、鳥海山・大物忌の神と水との深い関係がうかがえる。噴火の影響か、山の水は汚濁して稲作へと深刻な被害を与え、老人に「こんな災害はじめてだ」と言わしめた。この対処にも富士山と同様に「鎮謝」の文字を使用する。

開聞岳の開聞の神については、神が封戸の増加を願い、祭祀の場である神社を汚したことが噴火＝祟りの原因と判明した。ここでも噴火は神意に反した祟りと考えており、朝廷は封二〇戸を奉る対応をとっている。

近年、鹿児島県指宿《いぶすき》市の敷領遺跡の発掘調査では、貞観十六年に開聞岳から噴出した火山灰が降下した水田跡を発見し、畔の復旧作業を試みるも部分的には放棄されていたことが確認されている。開聞の神の祟りは農業生産に深い爪痕を残していたようだ。

火山祭祀の形

以上、富士山やその他の事例をまとめてみると、古代の火山祭祀には共通する形が浮かび上がってくる。古代の人々は火山の噴火を、そこに居《ま》します神の力の発現と考えていた。そのため、まず、卜占により神意を判断し、噴火が神意に背いた結果の祟りと判明すれば、丁重な鎮めのまつり＝「鎮謝」等を行い、沈静化を図った。このような祭祀により、朝廷は日本列島各地の火山噴火に対処していたのである。

岡田荘司氏は、天皇に対する神の怒り・祟り＝「災害」、その原因を明らかにする「卜占」、神の怒り・祟りを和めて神験を高める官社列格・神階奉授＝「祭祀」の関係を指摘し、「天皇と神との循環型祭祀体系」と名づけた。富士山など火山噴火に対する古代祭祀の構成は、基本的に岡田氏が指摘する祟る神への祭祀、「循環型祭祀体系」と一致する。古代、神々は恵みを与える反面、神意に背けば祟る存在であったことを思い起こしていただきたい。火山噴火に対処した祭祀は、このような背景のなかで行われていたのである。

では、古代の火山祭祀は、いかなる場で行われたのか。その答えは、貞観六年の富士山大噴火に対処し創祀された河口浅間神社の立地にある。この神社が鎮座する河口湖東岸からは、湖面をとおして南西方向に、貞観六年の噴火口、長尾山など富士山北西麓の側火山を望むことができる。貞観六年の大噴火では、ここから、赤いマグマ（溶岩）が空に高々と噴き上がり、溶岩が河口湖に迫る様子を望見できたはずだ。噴火を眺められる場所が、祭祀の場となっていたのである。神の働きが発現する場こそ、その神を祀るのに最もふさわしいとの考え方が底流にはある。神の働き、神意を象徴する噴火を望める場所で、神意に沿った丁重な祭祀を行う。これが、古代の火山祭祀の形だったのである。

伊豆島近海の火山活動

今まで見てきた九世紀の火山祭祀の形は、何時ごろまでさかのぼるのだろうか。これを考える手かがりとなるのが、プロローグで引用した『日本書紀』天武天皇十三年（六八四）十月壬申（十四日）の記事と、東京都大島町の和泉浜遺跡C地点の発掘調査成果である。

『日本書紀』は、天武天皇十三年十月壬申（十四日）の条では大地震の発生と、特に土左国（土佐国）での地盤沈下による大きな被害を伝えている。ここでは、その地震と同日の夕刻に発生した伊豆島近海の噴火に焦点を絞ってみたい。

改めて、その経緯を見ておこう。『日本書紀』によると天武天皇十三年の十月十四日の夕刻、東の方から鼓が鳴るような音が聞こえてきた。人がいうには、「伊豆島」の西北で、二ヵ所が三百余丈（約九〇〇メートル）の範囲で自然に盛り上がり、一つの島となった。鼓の音のように聞こえたのは、神がこの島を造った響きであるという。当時の人々は、この火山活動を富士山のそれと同じく、神の所為と考えていたのである。そして、この神観は、九世紀前半の承和五年（八三八）、同じ伊豆諸島の神津島《こうづしま》近海の火山活動に受け継がれたと考えられる。伊豆諸島の火山活動に神の働きを見る三嶋神社の信仰は、この七世紀末期の記録まで系譜をたどれることになる。

和泉浜遺跡C地点

この伊豆島近海の噴火活動と関連すると考えられる祭祀遺跡が、東京都大島町、伊豆大島の北西海岸に立地する和泉浜遺跡C地点である。昭和六十一年（一九八六）から平成七年（一九九五）にかけて、國學院大學考古学資料室と海洋信仰研究会が三次にわたる発掘調査を実施し、祭祀に関係すると思われる遺構を発見した。東西約一〇メートル、南北約一五メートルの範囲に五ヵ所の遺物のまとまり（第一〜五ブロック）を確認した。祭祀で使い捧げた品々をまとめた「遺物集積」といえる遺構である。これらの中では、第一と第四ブロックで特に出土遺物の種類・量が豊富であった。

第一ブロックからは土器類として須恵器杯類五〇点以上、土師器高盤二点、杯五点、鉄製品として刀・刀子片二〇点、鏃一九点、ガラス製小玉一点が出土した。これらに加えて長さ五・二〜五・三センチ、幅一・二〜一・五五センチの短冊状の金製品二点、銀製品二点が出土している。上端に小さな穴をあけた「有孔の短冊形金・銀製品」である。上端の穴に糸をとおし樹枝などに吊り下げ、神へと捧げたと考えられ、「金・銀幣」と呼べるものだ。第四ブロックの出土遺物は、土器類が須恵器杯類七〇点以上、土師器杯八点、甕三点、鉄製品は刀・刀子片二一点、鏃二九点、矛一点、銅製品では六箇の鈴がついた六鈴釧《ろくれいくしろ》一点、鈴一点があり、ガラス製の玉類では小玉二八点、丸玉一四点、さらに紡織具の石製紡錘車一点が出土している。また、第二ブロックからは滑石製の勾玉・丸玉といった石製模造品が集中して出土した。

この遺跡から出土した鉄製武器・工具類、そして紡織具（紡錘車）から推定できる布帛類は、五世紀以来の伝統的な神への供献品であり、これに六鈴釧と金・銀幣を加えた組み合わせは、非常に丁重な捧げ物といえる。特に、金・銀幣の存在は重要で、ほとんど他に類例はなく、丁重な神への捧げ物を象徴する品だ。土器には大和で作られた畿内産の土師器蓋があり、大和との関係を推定できる。豊富な鉄製品と貴重な金・銀幣は、大和王権から供与された特別な神への捧げ物「幣帛」の実態を示していると考えられる。

一致する年代

では、この祭祀遺構が営まれた時代はいつか。それは、ここから出土した、静岡県西部、湖西窯産《こさいよう》の須恵器の型式により明らかとなる。須恵器の型式から推定できる年代幅は七世紀後半から八世紀初頭までである。特に、豊富な鉄製品、貴重な金・銀幣が出土した第一ブロックの須恵器の年代について発掘調査報告（『國學院大學考古学資料館紀要』第十二輯）は「六六〇年代に生産されたものを含み、さらに遺跡そのものの終焉時期よりもやや古相を示すもので、六八〇年代に収まるように思われる」とする。もちろん、湖西窯の型式にもとづく年代推定である。

つまり、金・銀幣など貴重な品々を捧げ丁重な祭祀を行った時期は、『日本書紀』が記す伊豆島近海の火山噴火の年代、天武天皇十三年とまさに一致する。

伊豆島が現在の伊豆大島だとすれば、その北西海域で天武天皇十三年に海底火山が噴火し、島が出現していたことになる。そこを望む海岸に立地するのが、同時期、丁重な捧げ物を供え祭祀を行っていた和泉浜遺跡C地点なのである。この遺跡は、天武天皇治世の末期、伊豆諸島で発生した火山活動に対処するため執行した祭祀の痕跡で、その具体的な姿を伝えている可能性が高い。捧げられた金・銀幣からは、朝廷がここでの祭祀をいかに重要視していたかがうかがえる。

図32　宮田諏訪原遺跡から見た榛名山二ツ岳

榛名山噴火と宮田諏訪原遺跡

このような火山活動への祭祀は、さらに古く五世紀代までさかのぼる。その事例が、群馬県渋川市の宮田諏訪原遺跡の祭祀遺構である。この遺跡は、赤城山の西麓、標高約二五〇メートル、西に榛名山を望む地点に立地する。部分的な発掘調査ながら、五世紀末期頃に榛名山二ツ岳の噴火で噴出した榛名渋川火山灰（Ｈｒ－ＦＡ）に埋没した祭祀遺構（祭祀跡）一三ヵ所、六世紀中頃の榛名伊香保火山灰（Ｈｒ－ＦＰ）に埋まった祭祀跡六ヵ所を確認している。榛名渋川火山灰で埋没した祭祀跡に伴う須恵器高杯は、大阪府の陶邑窯編年でＴＫ二三型式である。五世紀後半から末期にかけての年代が推定できる。

この祭祀跡の中では、特にⅠ区1号祭祀跡から豊富な遺物が出土した。鉄製の武器・武具には長頸腸抉片刃鏃《ちょうけいわたくりかたばぞく》、挂甲《けいこう》の小札《こざね》、工具では刀子、農具にはU字形鋤先、曲刃鎌があり、鉄製品の総点数は七四点にのぼる。この他に、銅製小形変形乳文鏡一点、蛇紋岩製の石製模造品一六六点、臼玉四八二点が出土している。石製模造品には、有孔円板・勾玉・剣形といった鏡・玉・剣を模倣した一般的なものに加え、刀子形・斧形があり種類は多い。遺物の内容は、五世紀の祭祀遺跡の典型的なものではある。しかし、鉄製品は七四点と数が多く、そこには長頸の鉄鏃、鎧の挂甲、U字形鋤先・曲刃鎌といった最新の武具・農具が含まれている。これらの品々は、大和王権から供与された可能性が高いだろう。ここでも貴重な品々を供え丁重な祭祀を行ったと考えてよい。

宮田諏訪原遺跡で祭祀を行った場所は、五世紀末期頃に大噴火した榛名山二ツ岳との直線距離で一三キロ、榛名山塊を西に望む地点である。一時休止していた榛名山の火山活動は五世紀に再開し、周囲に火山灰を降下させていた。その様子を眺めながら、宮田諏訪原遺跡の地では五世紀後半から末期の大噴火直前まで丁重な祭祀は続けられた。そして、大噴火で噴出した榛名渋川火山灰により祭祀の場は埋没したと推定できる。その後も火山活動は沈静化しなかったのだろう。宮田諏訪原遺跡では祭祀が続けられた。しかし、この祭祀も六世紀中頃の榛名伊香保火山灰で埋没、ここでの祭祀は最終的に終焉をむかえた。

噴火を望める場所で貴重な品を捧げ丁重な祭祀を行った宮田諏訪原遺跡の祭祀の形は、富士山の噴火に対する祭祀と基本的に共通する。

ここの祭祀跡を覆う火山灰の厚さは最大で四〇チセン程度である。膨大な量の火山灰が噴出し、この火山灰で埋没した多数の集落や田畑の跡が、榛名山山麓では発掘調査されている。基幹産業である農業に与えた影響は深刻だったはずだ。富士山・伊豆嶋の噴火は神の力と考えられていた。類似する祭祀が行われた宮田諏訪原遺跡でも、人為では如何ともしがたい火山噴火を神の力と認識し、その沈静化を願う祭祀が行われたと推定できる。その祭祀には、人命を危険にさらし農業に深刻な被害を与える火山災害を鎮めるという、当時の人々にとって生死と直結する極めて切実な祈りが込められていたのである。

災害と祭祀

このような神観・祭祀と災害の関係を象徴する次の詔勅が、富士山の噴火を伝える『日本三代実録』貞観六年七月十七日の記事の直後、七月二十五日に記されている。

国家を鎮護し災害を消伏するは、尤《もっと》も是れ神祇を敬い、祭礼を欽《つつし》むの致す所なり。是の以《ゆえ》に格制《きゃくせい》頻りに下り、警告慇懃《いんぎん》なりき。今聞く、諸国の牧宰制旨《ぼくさいせいし》を慎まずして、専ら神主禰宜祝等に任せ、神社を破損し祭礼を疎慢ならしめ、神明其れに由りて祟を発し、国家此れを以て災を招くと。

火山噴火は、人々の生活・生産に大きな被害を与える災害である。その災害を神の意志＝神の祟りと認識し、それを防ぎ鎮め、人々の生活の安寧と生産の安定を期する。ここにこそ祭祀の最も重要な意味があり、その執行に朝廷と牧宰（地方行政官の国司）は責務を負うと、朝廷は考えていた。だから、災害が発生すれば、卜占により原因となった神意を明らかにし、朝廷から幣帛を捧げ丁重な「鎮謝」の祭祀を実施した。この形は、七世紀後半の和泉浜遺跡C地点や五世紀後半の宮田諏訪原《みやたすわばら》遺跡の祭祀でも確認できた。

和泉浜遺跡C地点の金・銀幣と鉄製武器・工具、宮田諏訪原遺跡の最新の鉄製武器・武具、農・工具は、大和王権から供与された捧げ物「幣帛」の一部と考えられる。東国で発生した火山活動・災害に対しても、大和王権は幣帛を供与し、これを受けて各地で祭祀を実施したと推定できるのである。この祭祀の形は、宮田諏訪原遺跡の例から、五世紀後半にはさかのぼり、さきに引用した貞観六年七月十七日の詔勅が示す祭祀と災害の関係も五世紀以来の伝統にもとづくものと考えられる。

五世紀後半には「治天下」「大王」の文字が稲荷山古墳の鉄剣に刻まれ、大王が統治する国家領域の意識が形成され始めていた。国家領域内の自然環境の恵みを受け人々の生活・生産が平穏無事であるように、そして自然が起こす災害を防ぎ鎮めるように、大王と地方首長は自然の働きに神を見て祭祀を厳格に実施しなければならなかったのである。

これまで見てきたところをまとめると、古代日本の神観と祭祀は、次のように定義できるだろう。

神観・祭祀の意味

まず、神とは、恵みにもとづく依存の感情と、災いなどによる畏怖の感情を同時にいだかせる自然環境や事物の特別な働きに、人間が感じた超越的な存在と定義できる。そして祭祀とは、超越的な存在に対し一定の儀礼体系（祭式）にもとづき祈願などの意志表示を行う形と言えるだろう。こう定義すると、この神観は、自然崇拝、自然物にも霊魂をみとめるアミニズムの段階、原始的で未発達なものなどと受け取られがちである。はたして、そう考えるべきなのだろうか。

これに関しては井上順孝氏の意見が参考となる。氏は、エドワード・B・タイラーが示したアミニズムから一神教へと段階的に進化する宗教進化論について、現在、多様なデータの蓄積により各段階を明確に区別することすら難しくなっており、「今の段階では、進化論は、あくまで一つのアナロジーとして、宗教展開を理解する手助けにとどめておくのが無難と思えてくる」（『21世紀の宗教研究』）としている。その上で、神や霊の存在は、人間の脳の反応、認知の仕組みと密接に関係するという研究成果を紹介する。すなわち、スチュワート・ガスリー氏の「宗教は体系的な擬人化である」とする見解や、ジャスティン・バレット氏が指摘する「出来事の背後に常に何らかの主体を見出そうとする認知の特徴」だ。

人間の脳の反応、認知の仕組みが、人間の生存と深く関わるのは言うまでもない。日本列島の自然環境の中で暮らす人々は、その環境の特徴的な働きに超越的な存在を感じ信仰の対象とした。それは、脳の認知の特徴から現代人にも通じる人間としてきわめて自然な現象であり、環境からのストレスを理解し和らげ、対処するという意味で人間の生存と直結していたと考えられる。また、ガスリー氏の見解にしたがえば、超越的な存在は早くに擬人化されていたと推測できる。こう考えると、古代日本の神々のように自然環境の特別な働きに男女の姿を当てはめることは、早い段階から行われていた可能性は高くなる。

そして、「治天下」の文字を受容し日本列島で国家領域の意識が明確化する五世紀、前節でみたように、超越的な存在に「神」の漢字を当て、それへの儀礼体系を整え「祭」の漢字を当てたと考えられる。この「祭」＝「祭祀」は、人々の生活・生産の安定・安寧を維持し、それを保障するという点で、大王の「治天下」（国家領域の統治）において重要な機能を果たしたのである。ここに、五世紀代、東北から九州まで祭祀遺跡が明確化する背景があると言えよう。古代日本の神への信仰を、単純に自然崇拝や原始信仰などと位置づけるべきではないだろう。

恵みと災いが、ともに多くもたらされる日本列島で人々が生活し一つの国家としてまとまっていく上で、これまで見てきたような神観と祭祀の形は不可欠なものであった。同じ列島の環境の中で日々生活する現代の我々も、その内容を具体的に知り、意味するところを正確に理解する必要があるだろう。

列島内で、このような神観と祭祀遺跡が明確化する五世紀代、ほぼ同時に古墳における祭祀・儀礼の形に変化があらわれる。次章では、古墳と関連させながら、古代におけるもう一つの重要な信仰、祖先「祖《おや》」への信仰と祭祀について考えてみたい。

祖への信仰と祭祀

古墳と死者への儀礼

死者と霊魂・他界

人間を含む生物は、いずれ必ず生存するための機能を失う。その原因は老化や病気かもしれないし、または災害、事故、戦争などによる体への損傷かもしれない。生存のための機能を失えば、体は動かなくなり冷たくなる。さらに放置すれば腐敗し白骨化する。人間は、この変化を「死」と考えた。では、「死」とは何か。現代でも脳死の問題が議論され様々な解釈があるように、「死」とは時代・地域によって異なり一定不変ではない。

また、必ず迎える大きな変化「死」に対し、人間は自らが体験して知ることはできない。これは、人間にとって極めて大きなストレスと言える。このストレスを和らげるため人間は、様々な死後の世界「他界」を考え、生存の機能を失った体「死体・遺体」に対して特別な感情をいだき、遺体の背後に霊魂などの観念を考えてきた。

古代の日本列島の場合、死の認定の手続きがプロローグで取りあげた「殯《もがり》」であり、遺体への特別な感情を示すのが、遺体を納めるため膨大な労力を投入して造営した古墳といえるだろう。

古墳の成立

日本列島では、弥生時代の中期後半、紀元前一世紀頃を境に東日本を含め最終的に縄文時代的な要素から脱却した。北九州では福岡県糸島市の三雲《みくも》南小路王墓《みなみしょうじおうぼ》、同県春日市の須玖岡本王墓《すくおかもとおうぼ》などで漢式鏡《かんしききょう》（中国、漢の銅鏡）、銅剣・鉾《ほこ》などの武器、勾玉《まがたま》・管玉《くだたま》といった玉類を副葬品として遺体とともに墓へ納めることが始まる。近畿地方では大阪府和泉市の池上曽根《いけがみそね》遺跡のような大形建物と環濠集落が発達し、関東地方では壺に遺骨を入れた再葬墓から、周囲に方形の溝をめぐらした方形周溝墓が新たな墓として定着する。弥生時代後期には、土を高く盛り上げた墳丘を持つ墓「弥生墳丘墓」が成立、墓への副葬品として鉄製武器（刀剣）に鉄製の工具（鉇《やりがんな》）が加わり、現在の岡山県、吉備地方では、壺形土器を特殊器台に載せて墳丘墓へと供えるようになる。壺形土器と特殊器台は、遺体＝死者への飲食の供献を象徴すると考えられる。これらの要素をもとに、三世紀、現在の奈良県、大和地方で前方後円墳が成立し、時代は古墳時代へと移行する。

弥生墳丘墓と前方後円墳とを区別する指標として近藤義郎は、①銅鏡を大量に副葬すること、②遺体を納める木棺が長大化し、「割竹形木棺《わりたけがたもっかん》」が成立すること、③前方後円墳という墳丘の形の定着、という三点をあげている。また、近藤は、弥生墳丘墓の突出した部分が発達し前方部となり、前方後円墳の形が成立したと考え、壺形土器と特殊器台が壺形・円筒埴輪へとつながったことを指摘する。

最も初期の前方後円墳で最大規模のものが、奈良県桜井市の箸墓《はしはか》古墳（墳丘全長二八六メートル）である。三世紀中頃の築造と推定されており、前方後円墳に代表される古墳という墓の形は、三世紀代に箸墓古墳がある奈良盆地南東部で確立したといってよい。

古墳は、弥生時代の墳丘墓を基盤として成立した。しかし、初期の古墳が中国起源の銅鏡を大量に副葬する事実からは、その成立に当たって中国王朝からの一定の影響があったことは間違いない。たとえば、銅鏡の背面には神仙や神獣の図像を表現し、漢字の吉祥句を添えている。三世紀の列島内の人々が内容を正確に理解できたか否かは断定できないものの、信仰・思想面で少なからず影響を受けていたことは充分に予想できる。さらに、木棺が長大化したり、死者へ供献した壺・器台《きだい》を形式化させ壺形・円筒埴輪が成立したりするのは、単に墓の形態が変化しただけでなく、古墳に納めた遺体・死者に対する意識に変化があったことを示している。

そして、このような古墳の形態、遺体＝死者の扱い方は、三世紀後半から四世紀にかけて、東北地方から九州まで列島内各地に受け入れられていった。この時期、弥生時代とは異なった死者観、遺体に対する考え方が、列島内で一定の共通した認識として形成されたのである。

遺体の密閉・区画・遮蔽

では、古墳に納めた遺体＝死者は、いかに扱われたのだろうか。古墳時代初期の状況が、奈良県桜井市の桜井茶臼山《さくらいちゃうすやま》古墳の発掘調査で明らかになっている。この古墳は全長二〇七メートルの前方後円墳で、年代は三世紀末期頃と推定されている。後円部の墳頂に、墳丘の主軸方位（南北方向）に合わせて、長さ六・七五メートルの竪穴式石室を造り、コウヤマキの木棺を納めていた。石室内からは、内行花文鏡など八一点にのぼる多数の銅鏡をはじめとして、碧玉製玉杖《へきぎょくせいぎょくじょう》、緑色凝灰岩製《りょくしょくぎょうかいがんせい》鍬形石《くわがたいし》といった石製儀器と玉類、刀剣、鏃などの鉄製武器、斧、鉇の鉄製工具類が副葬品として出土した。

石室の壁は全面を朱で赤く塗り、その中に遺体を納めた長大な木棺と多数の副葬品を入れ、天井石を置き竪穴式石室を閉じる。さらに、この天井石を赤色顔料のベンガラを混ぜた粘土で覆い密閉していた。古墳の遺体は、木棺と石室で厳重に密閉されていたわけだが、それだけではなかった。平成二十一年（二〇〇九）の再調査で、石室全体は丸太垣により周囲から区画・遮蔽されていたという事実が、明らかになったのである。

桜井茶臼山古墳は、昭和三十六年（一九六一）に発掘調査が行われており、石室の周囲には壺形土器が並んでいたと考えられていた。しかし、再調査の結果、壺形土器が廻るとされていた所に、丸太材の垣が廻っていたことが判明した。丸太垣の規模は南北三・七メートル、東西一〇・四メートル、丸太は残された痕跡から太さは三〇センチ前後、高さは地上二メートル以上が推定されている。丸太同士は接するように立ち、石室の周囲を区画するだけでなく、外から内部が見えないように遮蔽していたのである。壺形土器は、この内側に並び、飲食の供献を象徴していたと考えられる。

古墳が成立した直後の三世紀末期、古墳に納める遺体は、長大な木棺に入れ石室内に密閉され、さらに丸太垣で周囲から区画・遮蔽したのである。遺体には、銅鏡、鉄製の武器、工具など多量の副葬品を添えるとともに、壺形土器を置き飲食の供献を表現した。

後円部の墳頂（墳丘の頂上）を区画・遮蔽した丸太垣は、四世紀前半、奈良県桜井市のメスリ山古墳（墳丘全長二二四メートルの前方後円墳）で後円部の墳頂を区画する巨大な円筒埴輪列へ変化、飲食の供献は高杯形埴輪や土師器の台付き坩《つぼ》へと引き継がれた。

このように、三世紀から四世紀にかけて、古墳では遺体を厳重に密閉し区画・遮蔽した。同時に、銅鏡、玉類、武器（刀剣、弓矢、鉾・槍など）、武具（盾、矢を入れる靫《ゆぎ》、甲冑な

図33　桜井茶臼山古墳の
竪穴式石室と木棺

図34　桜井茶臼山古墳の丸太垣痕跡と壺形土器
（図33・34ともに奈良県立橿原考古学研究所提供）

ど)、工具(鉇、斧など)に、農具(鎌など)を加え副葬品として遺体に添え、飲食を供える古墳の儀礼の形が確立していたのである。

家形埴輪の設置

続く四世紀後半には、遺体を納めた前方後円墳の後円部の墳頂には、家形・盾形・蓋《きぬがさ》形の埴輪を置くようになる。その初期の形態は、奈良県奈良市、佐紀《さき》陵山古墳《みささぎやま》(日葉酢媛命《ひばすひめのみこと》御陵)で確認できる。

この典型例の一つが三重県上野市の石山古墳(墳丘全長一二〇メートルの前方後円墳)だ。年代は四世紀末期が推定されている。三体の遺体を、それぞれ木棺に入れ、粘土で覆い固定した粘土槨で密閉し後円部に納めていた。この三基の粘土槨の上には方形の壇を築き、周囲には二重に埴輪を並べ区画していた。内側の区画は四隅に蓋形埴輪を置き、各辺に盾形埴輪を配置し、甲冑形埴輪もある。外側の区画は、円筒埴輪の上に蓋形埴輪を置いたものがめぐる。区画する円筒埴輪は、両側に短冊状の突起「鰭《ひれ》」が付く鰭付き埴輪で、円筒埴輪の隙間から内部が見通せないように遮蔽する意図が読み取れる。外側の区画は、前方部に面する辺の中央に埴輪は置かず、これとは反対側、背後に当たる辺の外には等間隔で靫形埴輪を四つ配置する。

この墳頂部からは、切妻造《きりづまづく》りの家形埴輪や屋根の部材を表現した埴輪片、塀や垣を表現した囲形埴輪《かこいがたはにわ》の破片が出土しており、円筒埴輪や盾形埴輪が区画する内部、遺体を納め

図35　石山古墳墳頂部の埴輪配列復元図（京都大学文学部考古学研究室所蔵，山口真理氏作画）

た粘土槨の上には六棟から七棟程度の家形埴輪を置いていたと推測できる。

四世紀後半には、古墳に納めた遺体の上に家形埴輪を置き、その周囲を円筒埴輪で区画・遮蔽する形が成立していた。家形埴輪は、遺体の上という位置の特徴から、古墳に納めた遺体の人物を象徴的に示していたと考えられる。区画には、その人物が貴人であることを示す蓋形埴輪を置き、遺体と家形埴輪を警護する盾・甲冑・靫形の埴輪を配置したのである。このような家形埴輪と方形区画のモデルには、奈良県の秋津遺跡で確認した四世紀代の建物群と、それを区画・遮蔽する板垣があったのではないだろうか。

造り出しでの儀礼

石山古墳には、墳丘の東側の括れ部（後円部と前方部の接合部分）に、地盤を方形に削り出し円筒埴輪で区画した「東方外区」と呼ばれる場所がある。この内側に複数の家形埴輪や囲形埴輪を置き、区画の外側、墳丘との間には片流れの屋根や高床建物の家形埴輪を並べていた。ここは、家形埴輪を使い儀礼の様子を表現した空間だったようだ。この空間は、五世紀初頭頃には古墳墳丘の裾、特に前方後円墳の場合、円形と方形が接合する「括れ部」に突出する「造《つく》り出《だ》し」として定型化していく。

造り出しでの儀礼の状況を知るのに重要な古墳が、兵庫県加古川市の行者塚《ぎょうじゃづか》古墳である。墳丘全長が一〇〇㍍、五世紀初頭の前方後円墳だ。後円部の二ヵ所と東西の括れ部の四ヵ所に造り出しをつくる。後円部東側の造り出しでは、木棺・粘土槨に遺体を納め、その上に複数の家形埴輪を置き、周囲を円筒埴輪で方形に区画する。盾形・甲冑形・靫形の埴輪も出土しているので、家形埴輪や区画の周囲に配置し、警護の役割を果たしたのだろう。石山古墳の後円部墳頂の状況を、造り出しに再現する。また同時に、造り出しの家形埴輪と、古墳に納めた遺体との密接な関係を物語る。造り出しの家形埴輪、特に作りや大きさで中心となるものは、墳頂のものと同様、古墳に納めた人物を象徴していたのではな

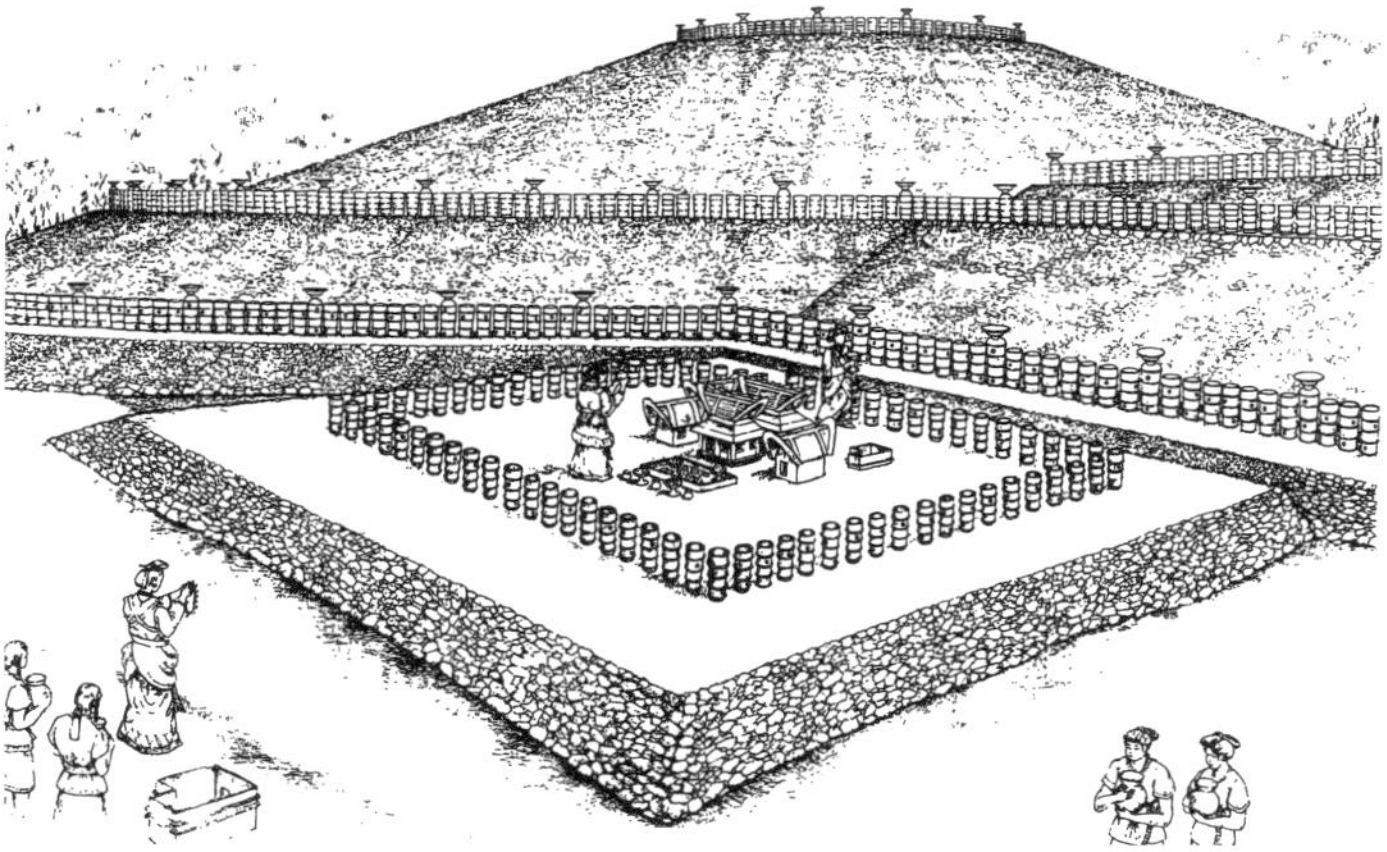

図36　行者塚古墳造り出しでの祭祀復元推定図（小東憲朗氏作画）

いだろうか。

造り出しでの儀礼の内容は、当時の状態をよく残している行者塚古墳の西側括れ部の造り出しで確認できる。造り出しの周囲は円筒埴輪で方形に区画し、墳丘側の長辺の途中を切り、一方をずらして出入口としている。秋津遺跡の板垣や兵庫県の松野遺跡（「古墳時代祭祀の復元」参照）の柵列、さらには囲形埴輪と共通する構造である。区画の中には複数の家形埴輪を置き、その前面（墳丘とは反対の西側）からは、土師器や土製模造品が集中して出土した。土師器には飲食を供えるのに使う高杯、壺、笊形《ざるがた》土器があり、土製模造品は、魚、鳥、餅、菱の実などの食物を模《かたど》っている。古墳に納めた人

図37　行者塚古墳造り出し出土土製模造品（加古川市教育委員会所蔵）

物を象徴的に示す家形埴輪、その前面に土師器の食器や土製模造品の食物を並べていたことになる。

また、この西側造り出しの北側、前方後円墳の括れ部で谷状の部分には囲形埴輪が置かれていた。これと造り出しの家形埴輪、土器・土製模造品が一体となって古墳の人物へ飲食の供献の場面を固定化して表現していたのである。

副葬品の変化

家形埴輪を設置し、造り出しの儀礼の表現が明確になる四世紀後半から五世紀前半にかけて、遺体に添えた副葬品の内容は大きく変化する。石山古墳の副葬品を見ると、銅鏡、武器、工具、石製儀器（石製模造品、石製腕飾など）で、基本的には三世紀以来の伝統を踏襲するように見える。しかし、銅鏡は、東側の粘土槨（東槨）で内行花文鏡一点、西側の粘土槨（西槨）で仿製神獣鏡《ぼうせいしんじゅうきょう》一点、小型仿製鏡一点のみで、三世紀末期の桜井茶臼山古墳と比較すると極端に数は減少する。

これとは対照的に鉄製の武器・武具と農・工具の量が明らかに増加する。西槨からは鉄鎌一〇点と短甲、東槨と中央の粘土槨の間からは鉄刀一九点、鉄槍三〇点が出土した。また、この時期、斧、刀子などの石製模造品が伴うようになる。初期の例は、やはり佐紀陵山古墳で確認できる。石山古墳では、東槨から石製刀子が一〇〇点以上、西槨から四四点がまとまって出土した。鉄製の武器・武具、農・工具と石製模造品という組み合わせが明確となる。

つづく五世紀初頭、行者塚古墳の副葬品では、さらに新たな要素が加わる。鉄製の馬具、鉄素材の鉄鋌《てってい》、金銅製《こんどうせい》帯金具（金銅製龍文透彫帯先金具《りゅうもんすかしぼりおびさきかなぐ》など）である。いずれも朝鮮半島や中国大陸からもたらされた最新の文化・技術を代表する品々である。そして、最新の金銅製帯金具には、この帯に相応しい最新の紡織技術で織られた衣服が伴っていたと考えるべきだろう。この鉄製武器・武具、農・工具、馬具は、この後、六世紀にかけて古墳副葬品の中心的な組み合わせとなっていく。これに石製模造品と、紡織具や布帛類、鉄素材の鉄鋌を加えれば、五世紀代に成立する神への供献品のセットと重なる。五世紀代の古墳の儀礼と副葬品の変化は、神に対する供献品の成立と密接に関連していたと考えられる。

形象埴輪群の成立

五世紀には、古墳の埴輪は多数の形象埴輪を加えて新たな展開を見せる。その状況を伝えてくれるのが、群馬県高崎市の保渡田八幡塚《ほとだはちまんづか》古墳である。墳丘全長が九六メートルの前方後円墳。二重の盾形周溝を持ち、内側の周溝内には四ヵ所の中島がある。墳丘の表面は葺《ふ》き石が覆い、朝顔形（壺形と円筒が合体したもの）と円筒埴輪が三段にめぐっていた。中島と周堤の上にも朝顔と円筒埴輪を立て並べる。年代は五世紀後半、北関東を代表する古墳の一つである。

保渡田八幡塚古墳では形象埴輪は、どのように配置されたのだろうか。まず、家形埴輪の破片が中島から出土し、そこからは土師器の坏や高杯がまとまって出土した。家形埴輪の前に供膳用の土器類を置き、飲食を供献する儀礼を表現していたと考えられる。先に見た行者塚古墳の造り出しの機能を引きついでいると言ってよい。

これに、人物・動物の埴輪を使った形象埴輪群が加わる。設置した場所は、内側と外側の周溝の間、内側の周堤上の二ヵ所だ。一つは前方部墳丘の西側、B区。もう一つは前方部の南側（前面）のA区である。ここでは、若狭徹氏の分析で埴輪の種類と配列が明らかになっているA区を見てみよう。まず、周堤上の一一㍍×四・五㍍の範囲を朝顔形と円筒埴輪で方形に区画する。その中に五〇体あまりの人物や動物の形象埴輪を配置する。若狭徹氏は、埴輪の内容を次の七つの場面（グループ）に分類する。

Ⅰ「椅座人物による飲食儀礼場面」
Ⅱ「鳥の列」
Ⅲ「狩猟の場面か」

Ⅳ「鵜飼の場面か」
Ⅴ「人物・器財・馬の列」
Ⅵ「半身像による立姿の儀礼場面」
Ⅶ「立位の双脚像（武人・力士か）を主体とする場面」

中心となるのは、やはりⅠの場面である。そこで椅子に座し冠をかぶる男性埴輪、彼は、その身なりから埴輪群の中心人物だろう。この人物へ杯を捧げる女性埴輪が対面、そばに琴を弾く男性埴輪がひかえる。近くには酒器なのだろうか、器台に載った壺、杓子を入れた大壺の器財埴輪を置く。方形の区画の中で、中心人物へと飲食を供献する儀礼の一瞬を切り取り表現していることは明らかだ。造り出しに作っていた飲食供献の場面を、そのまま人物埴輪を使い固定的に再現したと考えられ、造り出しで飲食を供えた家形埴輪と、女性埴輪の杯を受ける中心人物の男性埴輪とが対応関係となる。

また、Ⅶの場面には甲冑に身を固めた武人があり、内・外の周堤には朝顔形・円筒埴輪にまじり一定の間隔で盾持ち人の埴輪が威嚇するような顔で立つ。これらは、四世紀後半、家形埴輪の周囲に立てた甲冑・盾形埴輪の機能を継承し、中心部での飲食供献の儀礼を警護すると考えられる。こう考えると他の場面も、中心の儀礼との関係から、性格を推定すべきだろう。狩猟と漁撈を表現するⅢ・Ⅳの場面は、食材の調達という意味で供える食べ

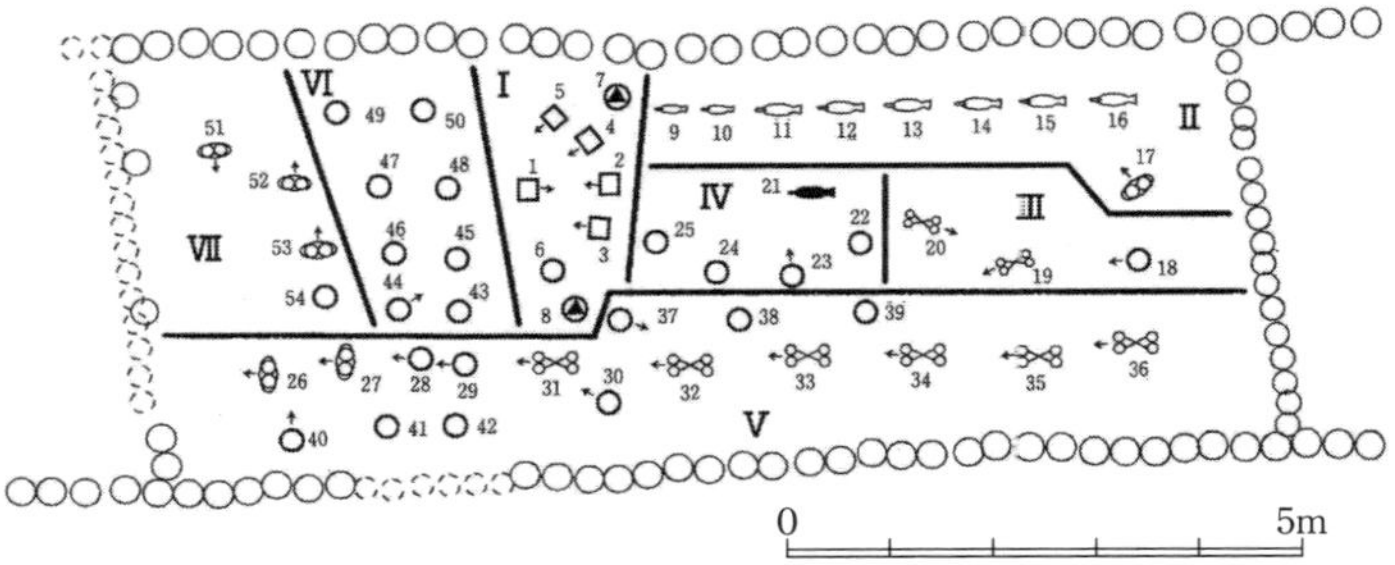

I　椅座人物による飲食儀礼場面

1．椅子に座り杯を捧げる女子
2．椅子に座る男子（中心人物）
3．椅子に座る男子 ┐
4．椅子に座る人　 │ いずれか弾琴
5．椅子に座る人　 ┘
6．人物（奉仕する女子半身像か）
7．器台に乗った壺
8．柄杓入りの大壺

II　鳥の列

9・10．鶏
11〜16．水鳥（前３体は大型か？）
17．男子双脚立像（鷹を使う男か）

III　猪狩の場面か

18．猪形を腰に付ける狩人
19．猪か
20．犬か

IV　鵜飼の場面か

21．魚をくわえる飼われた鵜
22．小型人物半身基部
23．大型人物半身基部
24．人物基部
25．人物基部

V　人物・器財・馬の列

26．盛装男子双脚立像
27．武装男子双脚立像
28．甲冑形埴輪
29．甲冑形埴輪
30．馬曳男子
31〜33．飾り馬（大型）
34.35．馬（小型）か？
36．馬または鹿
37．人物基部
38．小型人物半身基部
39．人物基部
40〜42．人物基部

VI　半身像による立姿の儀礼場面

43．人物基部
44．倭風大刀を帯びる男子
45．人物基部（掛衣の女子か？）
46．人物基部
47．人物基部？
48．大型人物半身基部
49．壺を捧げる女子か
50．小型人物基部

VII　双脚像を主体とする場面

51．男子双脚立像（武人か）
52．男子双脚立像（力士）
53．男子双脚立像（武人か）
54．人物基部

A区形象埴輪配列復元図

図38　保戸田八幡塚古墳の埴輪配列図（『史跡保渡田古墳群八幡塚古墳保存整備事業報告書』より）

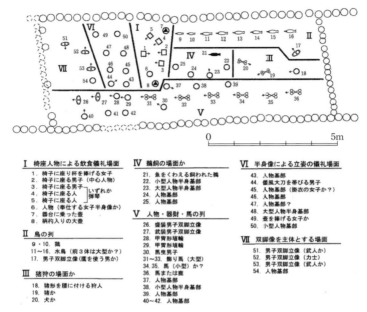

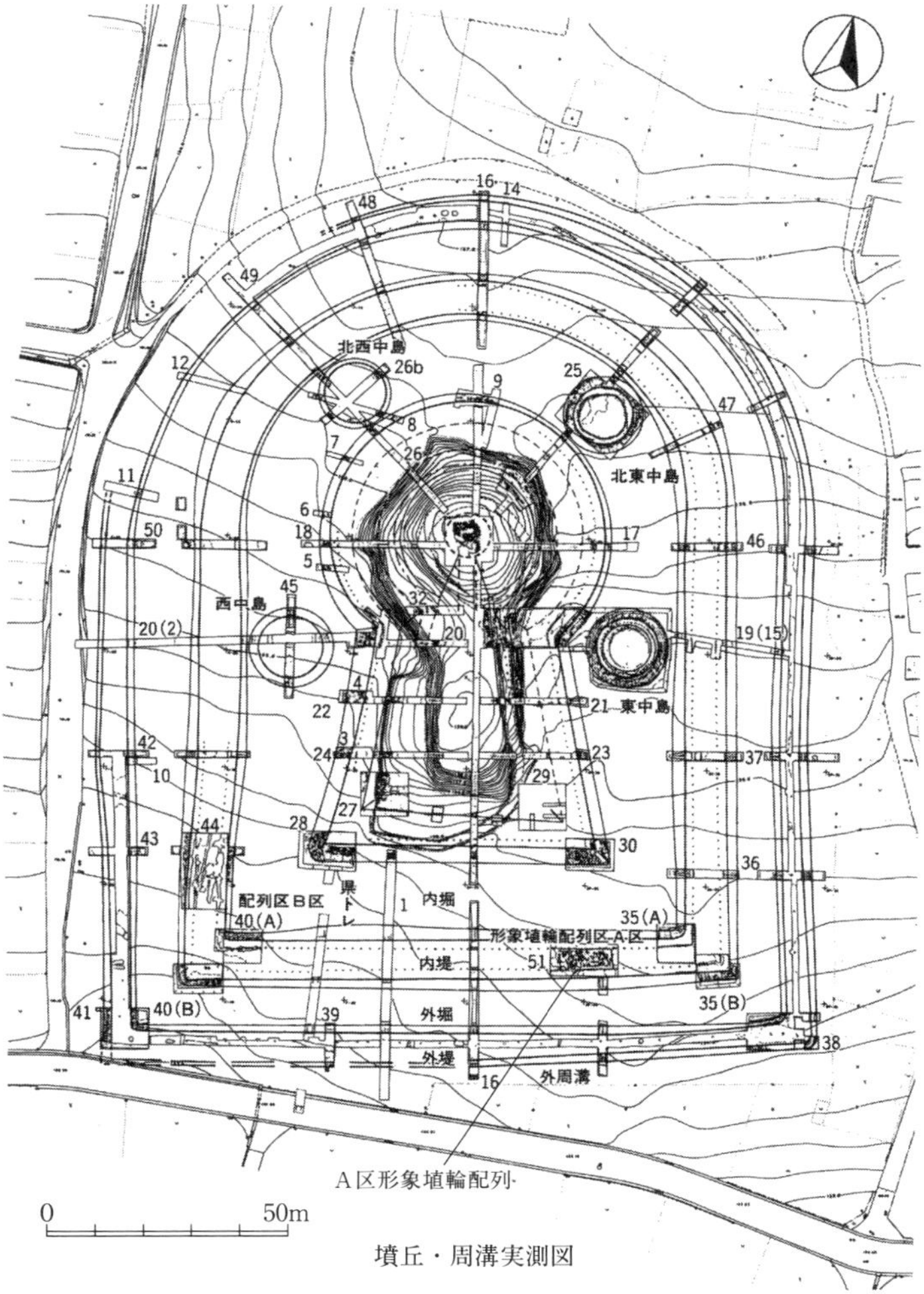
北西中島
北東中島
西中島
東中島
配列区B区
形象埴輪配列区A区
内堀
内堤
外堀
外堤
外周溝
県トレ
A区形象埴輪配列
0
50m

墳丘・周溝実測図

物・供饌の準備、Vの場面は中心人物へ捧げた貴重な品々といった解釈が可能となる。

このような人物などの形象埴輪群は大和王権の中枢で成立し、年代は大阪府の誉田御《こんだご》廟山古墳《びょうやま》（応神天皇陵）の五世紀前半まで遡ると、高橋克壽氏は指摘する。そして、塚田義道氏が明らかにしたように、人物・動物の形象埴輪群は飲食供献の儀礼を中心におく共通した構成をとっていたのである。

石棺と副葬品

保渡田八幡塚古墳には二人の遺体を納めていた。後円部に、棺の周囲に石を積み上げ覆った二基の竪穴式石槨（第一・二主体部）が残る。古い第一主体部は、刳《く》り抜き式の船形石棺で遺体を密閉する。棺の蓋と身を縄で固定する「縄掛け突起」が付き、内面は赤色顔料で蓋・身ともに赤く塗っている。五世紀、大和王権の中枢では、大山陵《だいせんりょう》古墳（仁徳天皇陵）がそうであるように縄掛け突起が付く「長持形石棺」を多く使っており、保渡田八幡塚古墳の船形石棺は、この影響を受けているのだろう。

副葬品には、鉄製武器・武具（直刀、鏃、弓飾り金具、挂甲）、鉄製農・工具（鍬鋤先、曲刃鎌、刀子《とうす》、斧、鉇《やりがんな》、鑿《のみ》）、玉類（ガラス製勾玉、同丸玉など）があり、辻金具などの馬具が加わる。特に、注目すべきは、第一主体部の石棺の脇からまとまって出土した農・工具だ。鋤鍬先は最大幅が五・九センチ、鎌の刃は長さが最大一〇センチ、斧は刃幅が最大二・八センチ。いずれも小形で華奢な作りであり、実用品ではなく儀式用の「鉄製模造品」という性格が推測できる。新しい第二主体に集中する鉄鏃も細く華奢な作りである。ここからは、遺体には実用でなくとも武器、農・工具は、添えなければならないとの意識が読み取れる。また、第二主体部からは直刀や挂甲とともに多量の布片が出土しており、布帛類も重要な副葬品であったと考えられる。

保渡田八幡塚古墳の副葬品は、納めた当時の位置を保っていないため、全ての品々が残っているとは限らない。そこで、同時期の埼玉県行田市の稲荷山《いなりやま》古墳の例から、副葬品の内容と出土状況を補っておこう。稲荷山古墳は墳丘全長一二〇メートルの前方後円墳で、長方形の二重周溝を持つ。金象嵌銘《きんぞうがんめい》の鉄剣が出土したことで著名な古墳だ。西側の括れ部の造り出しからは須恵器の杯・高杯などと土師器の杯が出土し飲食の供献儀礼が行われたと考えられ、内側の周堤から西に張り出し部分には人物埴輪などの形象埴輪群を配置していた。

遺体を納めた施設は、後円部の墳頂で二ヵ所を確認している。いずれも、木棺に遺体を安置していた。一つは木棺を小石で固定した礫槨（第一主体部）、もう一つは粘土を使った粘土槨（第二主体部）だった。特に保存状態が良いのは礫槨の第一主体部である。

第一主体部内の耳飾り（銀環）と勾玉、帯金具の出土位置から、遺体は頭部を北西に向けていたと考えられる。ここからは水銀朱を検出しており、遺体には赤色顔料の朱を振りまき木棺を閉じていたようだ。

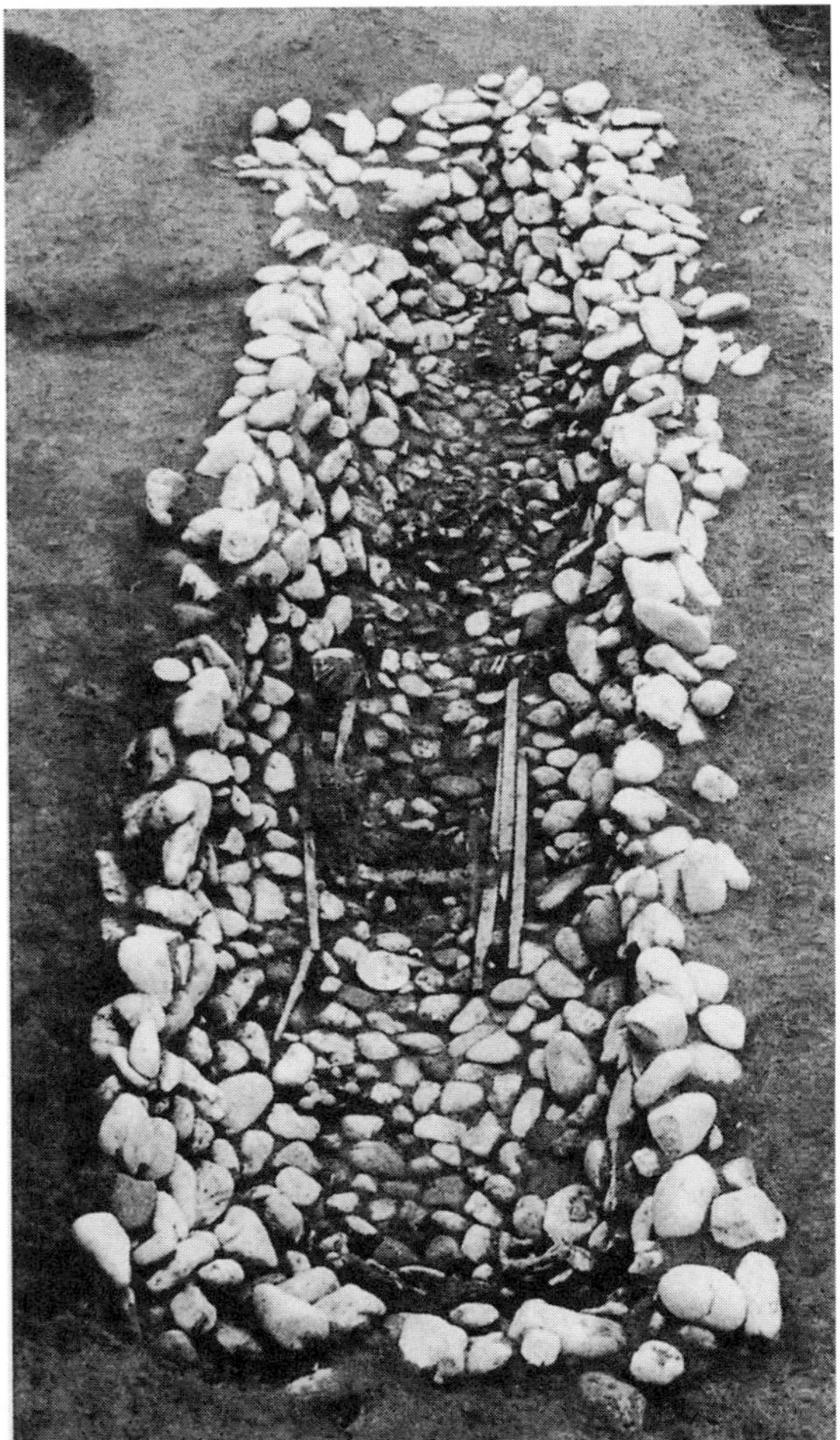

図39　稲荷山古墳第１主体部（文化庁所有，埼玉県立さきたま史跡の博物館提供）

遺体と副葬品の位置関係を見ると、頭の下に銅鏡「画文帯神獣鏡」を置き、遺体の右手側には大刀を三口《ふり》、左手側には剣一口と大刀一口、槍一柄、矢二束《たば》を置いていた。左手側の剣が、「辛亥年七月中に記す」で始まる金象嵌銘を刻んだ鉄剣である。遺体の足元には矢一束、挂甲がある。棺外には、頭部側に鉄製工具類（斧、鉇、鉗、鑷子《せつし》）と馬具（F字形鏡板、三環鈴《さんかんれい》など）、矢一束を置き、足側に馬具の鞍がある。

このような稲荷山古墳の副葬品の種類は、保渡田八幡塚古墳とほぼ一致し、二つの古墳の出土遺物を総合したものが、五世紀後半の副葬品の組み合わせを示すと考えられる。それは、鏡、玉、武器・武具、農・工具という四世紀以来の組み合わせを受けつぐとともに儀礼用の模造品や布帛類を含んでいた。

後期の埴輪群

周堤《しゅうてい》上の形象埴輪群は、古墳時代後期、六世紀まで継続した。大阪府高槻市の今城塚古墳では、六世紀前半、大規模に展開した様子を見ることができる。この古墳は墳丘の全長が一八一㍍《メートル》の前方後円墳で、二重の盾形周溝をもつ。継体天皇陵である可能性が高いと考えられ、大王墓級の古墳での埴輪群の実態を伝えてくれる。

形象埴輪群は、墳丘の北西側、内側の周堤上にある。上端を山形にした塀形埴輪で東の一区から西の四区まで四つの区画を作り、その中に人物・動物の形象埴輪、家形埴輪や器財埴輪を並べていた。中央の二・三区には家形埴輪と男女の人物埴輪、飾り大刀、盾、靫形の器財埴輪が集中し、特に三区には冠をかぶり盛装した男性像と、杯を捧げる女性像がある。ここが埴輪群の中核であり、飲食を供献する儀礼を、家形埴輪と人物埴輪を組み合

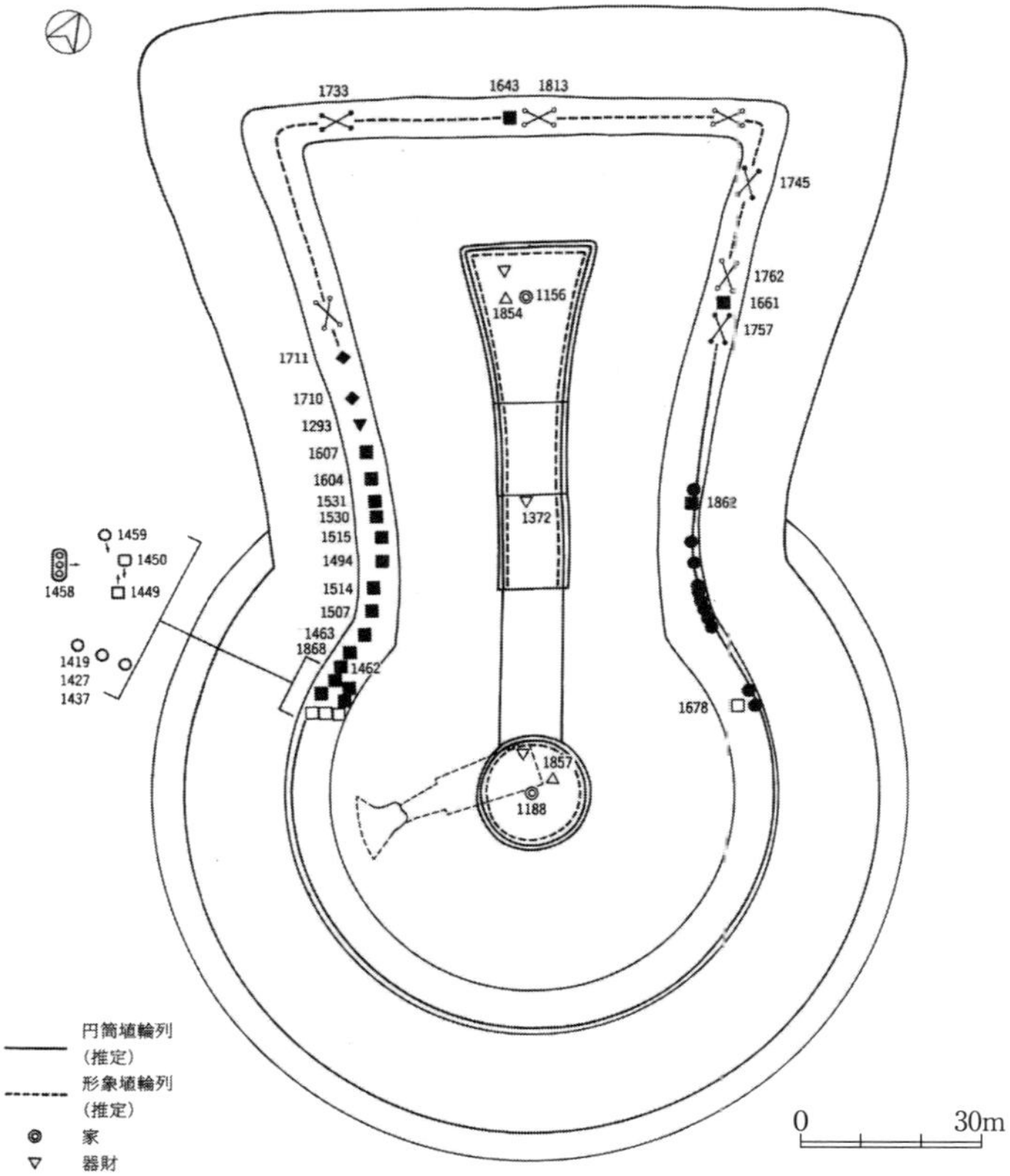

1156	家	1437	男子（靫負）	1463	男子（盛装）	1664	男子	1813	馬
1854	鳥	1449	男子（胡座）	1507	男子（盛装）	1607	男子	1745	馬
1372	靫	1450	女子（正座）	1514	男子（盛装）	1293	盾	1762	馬
1188	家	1458	女子（三人）	1494	男子（盛装）	1710	盾持ち人	1661	男子
1857	鳥	1459	女子（皮袋）	1515	男子（挂甲）	1711	盾持ち人	1757	馬
1419	男子（靫負）	1462	女子（威儀）	1530	男子（鍬担）	1733	馬	1862	形象基台
1427	男子（靫負）	1868	形象基台	1531	男子（鍬担）	1643	男子	1678	男子（被帽）

墳丘埴輪配列図

観音山古墳』Ⅰ・Ⅱより）

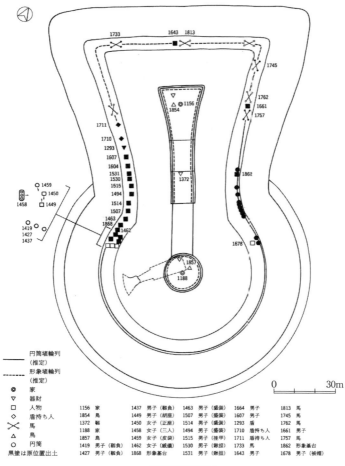

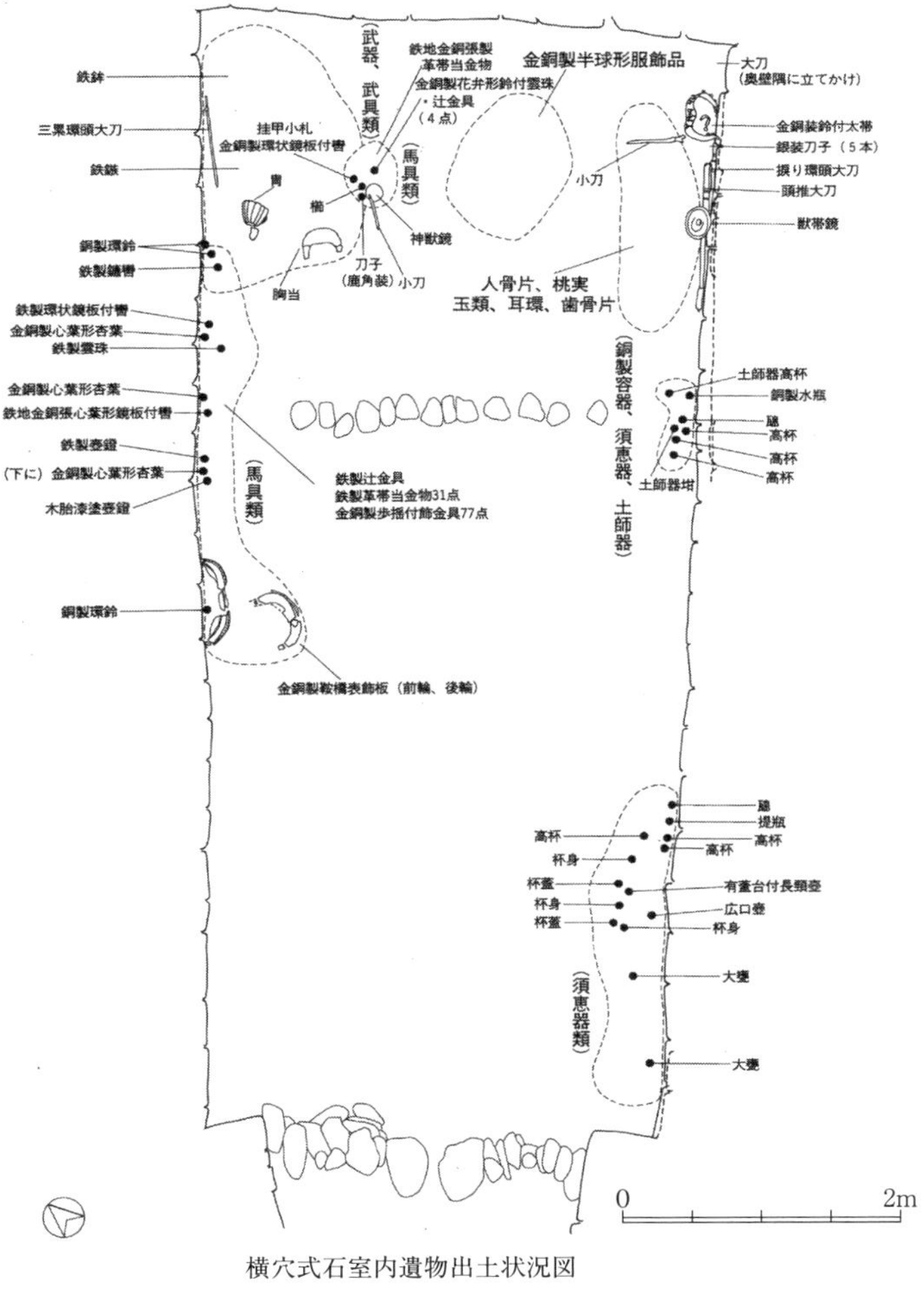

横穴式石室内遺物出土状況図

図40　綿貫観音山古墳石室内遺物出土状況・墳丘埴輪配列図（『綿貫

わせて大規模に表現している。大王の陵墓に相応しい規模の大きさから形象埴輪群の到達点を示すといっても過言ではないだろう。

ところが六世紀後半には、大和王権の中枢、近畿地方では埴輪の使用が急速に衰退する。前方後円墳という古墳の形が、近畿地方では六世紀後半には終焉《しゅうえん》を迎えるのと関係するのだろうか。

一方、東国では状況は異なった。六世紀後半でも多くの埴輪を古墳へと盛んに立て並べていた。その典型的な例が群馬県高崎市の綿貫観音山《わたぬきかんのんやま》古墳だ。墳丘全長九六・二四㍍《メートル》の前方後円墳である。盾形周溝をもつ。ただし、形象埴輪群は五世紀のように周溝の周堤上には並ばずに、墳丘中段の平坦面へと移動する。

日本列島内では、五世紀後半以降、古墳へ遺体を納める施設として朝鮮半島の影響をうけた横穴式石室を導入し、六世紀にかけて急速に普及した。綿貫観音山古墳も後円部に横穴式石室を構えて遺体を安置した。石室は墳丘の中段に位置し、南東部に開口する。

綿貫観音山古墳の形象埴輪群、その中核となる人物埴輪群は、この石室開口部に続く場所、西側括れ部から前方部にかけての墳丘中段に展開する。最も石室に近い部分の人物埴輪群の中心は、冠帽《かんぼう》をかぶり鈴付きの太帯を巻き、胡坐《あぐら》する盛装の男性埴輪である。これに何かを捧げ持つ女性の埴輪が対面し、その背後に革袋をもつ女性の埴輪がひかえる。さらに、この様子を見守る三人の女性と、警護役と考えられる靫を負った男性三人の埴輪が並ぶ。前方部の方向には、立位の盛装男性、甲冑を付けた武人、盾持ち人、そして馬形の埴輪が続く。

また、横穴式石室の上、朝顔形と円筒埴輪で区画した後円部の頂上には家形埴輪と鶏、盾、帽子形（蓋《きぬがさ》形か）の埴輪を設置していた。綿貫観音山古墳の埴輪群を見ると、五世紀の形象埴輪群の基本的な構成は六世紀後半まで継承されていたと考えてよいだろう。

後期の副葬品

綿貫観音山古墳の横穴式石室内は、遺体埋葬時の状況をよく残していた。横穴式石室は全長一二・六メートル、石室の主室「玄室《げんしつ》」は、奥壁から三メートルの部分に河原石を並べて間仕切りし、遺体を安置する屍床《ししょう》としていた。この南（右）側壁に接する部分から人骨片・歯とともに、耳環、玉類、鈴付き金銅製太帯の装身具、飾り大刀（捩《ねじ》り環頭大刀）、銀装の刀子、銅鏡（獣帯鏡）が出土した。ここに豪華な装身具を身に付けた遺体が、鏡や武器などとともに安置されていたようだ。この前面（西側）、玄室内の仕切りに接して銅製水瓶、須恵器高杯、𤭯、土師器杯、高杯、坩を置く。屍床からは桃の種が出土しており、遺体に対し飲食を供えたものと推測できる。加えて、玄室への入り口「玄門」の近く、南（右）側壁に接する場所からは、須恵器の高杯、蓋杯、有蓋台付長頸壺、広口壺、大甕がまとまって出土している。これも、玄室に安置した死者・遺体に対して飲食（酒食）を供えた痕跡だろう。遺体に対し丁重に酒食を供えていた様子がうかがえる。

なお、石室内から人骨片・歯とともに出土した鈴付き太帯は、墳丘の人物埴輪群の中心人物、冠帽を被った盛装男子が腰に着ける鈴付き太帯と類似する。このため中心となる男性の埴輪は、石室に納めた死者を表現している可能性が高いと考えられる。そして、石室内に多数の土器類が存在する点をあわせて考えると、中心人物の男性埴輪に対面する女性埴輪は飲食を捧げる姿を示すと推定できる。

これに対し、北（左）側壁にそった部分、玄室の奥壁から中程までの範囲には弓矢（鏃）、鉾、甲冑（冑、挂甲、胸当、籠手《こて》、脛当）と金銅装馬具を置いていた。また、石室内からは、鉄製の工具、鑿と鉇が出土している。いずれも全長が五㌢ほどで実用品とは考えられない。五世紀の保渡田八幡塚古墳の鉄製農・工具の系譜を引く模造品である。

同時期、大和王権の中枢部での状況を、奈良県斑鳩町の藤ノ木古墳で確認しておこう。同古墳は直径四八㍍の円墳で、全長一三・九㍍、南東に開口する横穴式石室をもち、玄室の奥に据えた家形石棺には二人の成人男性の遺体を納めていた。

家形石棺の内面は朱で赤く塗り、石棺の中からは、銅鏡（獣帯鏡、画文帯神獣鏡など）、装身具（金銅製冠、飾履、大帯、銀芯金貼耳環《ぎんしんきんばりじかん》など）、飾り大刀・剣（捩り環頭などの倭系装）、

図41　藤ノ木古墳横穴式石室の状況（奈良県立橿原考古学研究所提供）

銀装刀子などが出土した。二体の遺体の頭の下には銅鏡を置き、装身具の多くは遺体が着装しており、刀剣類は遺体に沿い棺壁に接して納めていた。

その他の遺物は、家形石棺の周辺に集中する。石棺と奥壁との間には挂甲、金銅装の馬具、ミニチュア（模造品）の農・工具（鎌、鋤、斧、刀子、鉇、鑿）、滑石製臼玉があり、石棺と東壁との間から鉄鏃、石棺の前面からは弓飾り金具が、それぞれ出土している。また、須恵器の無蓋高杯、有蓋高杯、𤭯《はそう》、有蓋台付壺、壺、器台、土師器の高杯などの容器は、玄室手前の南西隅にまとめて置かれていた。

綿貫観音山古墳と藤ノ木古墳の副葬品を比較すると、遺体を納めた場所は屍床と石棺という違いはあるものの、副葬品の組み合わせと石室内での配置には多くの共通点が認められる。六世紀後半の段階においても、大和王権の中枢と東国で、古墳への遺体の納め方、扱い方には一定の共通ルールが維持されていたと考えられるだろう。

変化と伝統

この節では古墳における死者・遺体の扱い方、これと関係する儀礼の変遷について見てきた。それらは古墳が成立した三世紀中頃から六世紀までに少なからず変化した。まず、四世紀後半から五世紀前半、①家形埴輪と盾形、蓋形、甲冑形、靫形を組み合わせた埴輪の配置、②鉄製品の増加と石製模造品の導入など副葬品の再編成、③儀礼の場「造り出し」の設置、といった変化が次々に現れた。この時期、主要な古墳で遺体を密閉した棺は、長大な割り竹形木棺から堅牢な長持形石棺へと切り替わっていく。

つづく五世紀中頃までには、人物・動物埴輪を使った形象埴輪群が成立、五世紀後半には本格的に横穴式石室が導入されていく。そして、七世紀には横口式石槨が普及、埴輪と副葬品が全国的に消滅し、古墳そのものが変質し終焉を迎えるのである。

これとは対照的に、三世紀から六世紀まで長い時間を超えて伝統的に受けつがれた要素もあった。それは次の三点である。

まず一つ目は、古墳に納めた死者・遺体を厳重に密閉、区画・遮蔽するという点である。初期、遺体を長大な木棺に納め竪穴式石室に密閉、さらに丸太垣や円筒埴輪列で区画・遮蔽していた。その後も遺体は六世紀まで石棺や木棺・粘土槨などで密閉され続け、墳丘は朝顔形と円筒埴輪で区画され続けた。

これと関連して遺体と赤色顔料の関係も継続して確認できる。三世紀、竪穴式石室の壁面に塗られた朱、石室を密閉した粘土に混ぜた赤色顔料は、五世紀後半の保渡田八幡塚古墳の船形石棺の内面や稲荷山古墳の遺体にかけられた朱につながり、最終的には六世紀後半、藤ノ木古墳の家形石棺の朱に受けつがれた。

ところで、ここで取りあげた綿貫観音山古墳のほか、九州各地に残る古墳のように、遺体を石棺に入れずに、横穴式石室内の屍床に安置する例が六世紀代には存在する。確かに、ここでは死者・遺体を密閉しておらず、そこに意識の変化を認める解釈は可能である。しかし、石棺に遺体を入れない横穴式石室でも入り口に石などを詰め閉塞（封鎖）していた事実は重要で、遺体を納めた石室全体を密閉していたことになる。決して、遺体を納めた石室は開放的な空間ではありえなかった。ここからは、古墳の死者・遺体は、生きた人々から隔離する必要があるとの意識が読み取れ、それは古墳時代を通じて存在したのである。

二つ目は、遺体にそえた副葬品の組み合わせである。四世紀後半から五世紀にかけて銅鏡の数が減少する反面、鉄製の武器・武具、農・工具の数が増加するという変化は認められる。こう変化はするものの、鏡、玉類、武器・武具、農・工具という組み合わせは維持された。同時に鏡と玉、刀剣類は、棺内など遺体の近くに置き、甲冑などの武具、農・工具、五世紀に加わる馬具は、棺外に配置するという一定の法則性が伝統的に受けつがれた。

そして、三つ目が、死者・遺体に対して飲食を供えるという儀礼である。初期の壺形土器や高杯形土器に象徴される段階から、造り出しでの家形埴輪への飲食供献を経て、人物埴輪群による飲食を捧げる場面の表現へ、さらに横穴式石室内の土器群へと推移するが、そこには一貫して死者に飲食を供えるという意識が流れている。

死者・遺体に鏡と玉、武器、工具を添え、飲食を供えること、さらに遺体と赤色顔料との関係は、弥生時代後期には認められる要素である。これらは六世紀まで伝統的に受けつがれた。六世紀、横穴式石室が普及しても、副葬品の組み合わせは変化せず、死者に飲食を供献した食器類は石室内に持ち込まれた。そして、その様子を表現した形象埴輪群は、東国では石室に近い墳丘上で維持された。横穴式石室を導入しても、死者・遺体に対する儀礼と意識には質的な変化は起こらなかったのではないだろうか。

ここにまとめた伝統的な三つの要素は、古墳の本質と直結していたからこそ、古墳時代を通じて受けつがれたのである。次節では、この伝統的に受けつがれた要素の意味について古代の文献と関連させ、古代の人々が死と死者をどう考え、それといかに接してきたのかについて考えてみたい。

古墳と祖の祭祀

古墳と祖

古墳に納めた死者・遺体は、密閉し周囲から区画・遮蔽された。この意味を考える上で、まず確認しなければならないのは、古墳の死者・遺体を、古代の人々は何と呼んでいたかである。呼び名は、名を付けた対象の本質と直結しているからだ。これを確認する上で八世紀前半の「古風土記」が参考となる。古墳が機能していた時代の直後に編纂され、列島内各地の伝承を記録している文献である。古墳と関連する内容として、古風土記の一つ『播磨国風土記』に次の記事がある。

◎昔、大帯日子《おおたらしひこ》の命、印南《いなみ》の別嬢《わきいらつめ》を誂《つまど》いたまいしに、（中略）賀毛の郡の山直《やまのあたい》等が始祖息長命《とおつおやおきながのみこと》（一《また》の名は伊志治《いしじ》なり）を媒《なかだち》と為《し》て、（中略）以後、別嬢の床掃《とこはら》え仕え奉れる出雲臣比須良比売《おみひすらひめ》を息長命に給《つ》ぎたまいき。墓は賀古の駅《うまや》の西にあり。年

ありて、別嬢此の宮に薨《かく》りまししかば、即《やが》て墓は日岡に作りて葬《はふ》りまつりき。（賀古郡比礼墓《ひれはか》）

◎大長谷《おおはつせ》の天皇《すめらみこと》の御世、尾治連《おわりのむらじ》等が上祖《とおつおや》長日子《ながひこ》、善き婢《まかたち》と馬とを有《も》たりき。（中略）ここに、長日子、死せなんとする時、其の子に謂《かた》りていいしく、「吾が死せなん以後《のち》は、皆、葬《はふ》りは吾に准《なら》え」といいき。即ち、これが為に墓を作りき。第一は長日子の墓と為し、第二は婢の墓と為し、第三は馬の墓と為しき。併せて三つあり。後、生石《おうし》の大夫、国司たりし時に至り、墓の辺の池を築《つ》きき。故、因りて名を馬墓の池と為す。（飾磨《しかま》郡貽和《いわ》の里《さと》）

最初の賀古郡の記事は、大帯日子の命（景行天皇）が皇后、別嬢を娶《めと》るのに仲介役となった息長命について伝える。息長命は山直などの「始祖《とおつおや》」であり、別嬢の御世話役のヒスラヒメを妻として給ったという。ここで重要なのは、彼の墓が賀古の駅の西にあると書いている点だ。賀古の駅の跡は、現在、場所が判明しており、兵庫県加古川市の古大内遺跡がこれに当たる。『加古川市遺跡分布地図』（第三版、加古川市教育委員会）を見ると、古大内遺跡の西約一キロに前方後円墳の聖陵山古墳がある。また、この北方、日岡山には別嬢の陵墓とされるひれ墓古墳をはじめ、勅使塚古墳、南大塚・西大塚古墳など前方後円墳が集中して立地する。この記事の「墓」は古墳を指しているのである。

次の飾磨郡の記事は、尾治連などの「上祖《とおつおや》」である長日子に関する伝承である。彼は侍女（婢）と馬を、自分と同じように墓へと葬ったという内容である。彼は、大長谷の天皇（雄略天皇）の時代の人物として語られているので、当然、彼の墓は、先の息長命の墓と同様、古墳を指していたと考えられる。しかも、風土記編纂当時の人々は、その墓を特定して記憶していたことになる。つまり、これら記事が筆録された八世紀前半の人々は、墓＝古墳は「遠祖・上祖」と呼ばれる人物の遺体を納めていると考えていた。言いかえれば、古墳の死者・遺体は「遠祖・上祖」と呼ばれていたのである。

「祖」の用例

「遠祖・上祖」とは、どのような人物だったのか。「遠祖・上祖」の「祖」は「おや」と読み、『記紀』で多く使われる文字である。『古事記』では基本的には「祖」のみを使う。対照的に『日本書紀』では「中臣の上祖天児屋命《あめのこやねのみこと》・忌部の上祖太玉命《ふとだまのみこと》」（巻二第九段一書第二）のように「遠祖・上祖・本祖・始祖」などの文字を使い「とおつおや」と読み、各氏族の系譜で起点となった人物を指す。

古風土記では、東国の『常陸国風土記』から九州の『肥前国風土記』まで「祖」「始祖・初祖・上祖」の文字を広く使っている。「茨城の国造の初祖、多祁許呂命《たけころのみこと》」（『常陸国風土記』茨城郡）、「肥君等の祖、健緒組《たけおくみ》」（『肥前国風土記』総記）のように地方豪族の祖先を示すほか、次のような伝承がある。

◎（志貴《しき》の）嶋の宮に御宇《あめのしたしろ》しめしし天皇（欽明天皇）の御世、村上足嶋《たるしま》等の上祖恵多《えた》、この野を請いて居《こ》りき。（『播磨国風土記』飾磨郡）

◎韓人《からひと》山村等が上祖、柞《なら》の巨智《こち》の賀那《かな》、此の地を請いて田を墾《は》りし時、（『播磨国風土記』飾磨郡）

◎宇治の天皇（応神天皇の皇子）のみ世、宇治連等が遠祖《とおつおや》、兄太加奈志《えたかなし》・弟太加奈志《おとたかなし》の二人、大田村の与富等《よふと》の地を請いて、田を墾《は》りて蒔《う》えんとして来たりし時に、（『播磨国風土記』揖保郡）

◎磯城嶋《しきしま》の宮に御宇しめしし天国排開広庭《あめくにおしはるきひろにわ》の天皇（欽明天皇）のみ世、日下部君《くさかべのきみ》等の祖、邑阿自《おおあし》、靫部《ゆぎべ》に仕え奉りき。其の邑阿自、此の村に就きて、宅《いえ》を造りて居りき。斯《これ》に因りて名を靫負《ゆぎおい》の村といいき。（『豊後国風土記』日田郡）

ここにあげた伝承は、そこに初めて住み村や家を興した祖先、または耕地を開墾しその地域の生産基盤を築いた祖先に関するものである。古代の地域伝承を集めた『風土記』に相応しい内容である。居住地・村を起こし、田畑を切り開き、地域の基礎を築いた祖先が「祖」「遠祖」「上祖」と呼ばれていた。彼らに当たる人物は、列島内各地域、村々にいて、先の「遠祖・上祖の墓＝古墳」という関係を考えれば、彼らの遺体は地域に残る古墳に納められたと言ってよいだろう。

祖と子

この「祖」について、本居宣長は『古事記伝』の中で次のように述べている。

凡て上ツ代は、父母に限らず、幾代にても、遠祖までを通わして、皆ただ意夜《おや》と云り、（中略）故レ古書には祖ノ字を意夜《おや》と訓《よみ》て、親のことにも用いたり、（中略）又子と云も、己が生るに限らず、子々孫々までかけて云称《いうな》なり、

古代では、自分の父母だけでなく、代々の祖先や古い先祖まで含めて「祖《おや》」とよび、自分の子供だけでなく何代も後の子孫まで「子《こ》」とよんだ、という意味だ。古代の日本では「祖」と「子」の関係で各氏族の系譜を考え語っていたと、宣長は解釈した。古代の古典の解釈から導き出した見解である。また、宣長は次のようにも述べる。

されど此記（古事記）には、何れも祖とのみありて、遠祖など書《かけ》ること一ツも無れば、ただ意夜と訓《よ》ム例《ためし》なり、されば上代には、某姓の本祖と云をも、ただ祖とこそ云けむ、

『古事記』では、「祖」の文字しかなく、「遠祖・本祖」などという表現は無いので、本来の使い方は「祖」のみで使っていたとの主張である。『日本書紀』や『風土記』にある「遠祖・本祖」よりも『古事記』の「祖」のみの使い方が本来の形であると、宣長は考えた。ただ、現在では、「祖」よりも「上祖」のほうが、古い段階で使用例を確認できる。

それこそが、埼玉県の稲荷山古墳で遺体の近くに納めていた鉄剣の銘文なのだ。
　その銘文の全てを、現在までの研究成果をもとに改めて読んでおこう。

金象嵌銘鉄剣

　辛亥年の七月中に記す。乎獲居臣《おわけのおみ》の上祖名は意富比垝《おおひこ》、其の児《こ》多加利足《たかりのすく》尼《ね》、其の児名は弖已加利獲居《てよかりわけ》、其の児名は多加披次獲居《たかひ(は)しわけ》、其の児名は多沙鬼獲居《たさきわけ》、其の児名は半弖比《はてひ》、其の児名は加差披余《かさひ(は)よ》、其の児名は乎獲居臣《おわけのおみ》、世々、杖刀人の首と為り奉事し来り今に至る。獲加多支鹵大王《わかたけるのおおきみ》の寺（役所）が斯鬼宮《しきのみや》に在りし時、吾は天下を左治し、此の百練の利刀を作らしめ、吾奉事《わがほうじ》の根原を記すなり。

要点は次の四点にまとめられる。①銘文の作成は辛亥年の七月、②上祖の意富比垝（オオヒコ）から乎獲居臣（オワケノオミ）まで八代に亘る系譜、③オワケノオミの系譜は

図42　稲荷山古墳金象嵌銘鉄剣（文化庁所有・埼玉県立さきたま史跡の博物館提供）

代々「杖刀人の首」として仕えたこと、④オワケノオミは、獲加多支鹵（ワカタケル）の大王（大長谷若武命＝雄略天皇）の時代に治天下を補佐し、百練の鉄刀を作らせ奉事の根源を記したこと、である。

まず問題となるのは、銘文を刻んだ年代だ。稲荷山古墳の造り出しからは飲食を供献した須恵器・土師器が出土しており、須恵器には陶邑《すえむら》編年TK二三型式～四七型式の蓋を含む。ここから稲荷山古墳は五世紀末期までには築造されたと考えられる。また、金象嵌銘鉄剣とともに第一主体部から出土した馬具のF字形鏡板は六世紀前半の特徴を示し、第一主体部の埋葬は、六世紀前半頃の年代が考えられる。加えて、象嵌銘の鉄剣は製作から一定の時を経て古墳に納めたと考えれば、銘文の辛亥年は五世紀後半で矛盾はない。具体的には、辛亥年を西暦四七一年に当てるのが現在の通説となっている。

銘文の中心は、多くの文字を割く八代の系譜である。この特徴は、上祖のオオヒコを起点に次の代から「其の児」で代々の人名を連結させる点にある。本居宣長が指摘した「祖」と「子（児）」の関係が、ここにはある。ただし、起点となるのは『日本書紀』や『風土記』の「上祖」である。五世紀後半には、すでに上祖を起点とする系譜が存在していたのである。

系譜の起点、上祖「オオヒコ」の名は、『日本書紀』崇神天皇十年九月条で北陸道へ派遣された大彦命と一致する。『日本書紀』孝元天皇七年二月条には、孝元天皇第一子で「兄大彦命は、阿倍臣《あべのおみ》・膳臣《かしわでのおみ》・阿閉臣《あとちのおみ》・狭狭城《ささき》山君・筑紫国造《つくしのくにのみやつこ》・越国造《こしのくにのみやつこ》・伊賀《いがの》臣《おみ》、凡て七族の始祖なり」とある。彼は、中央・地方で活躍した多くの氏族の「始祖」として伝承された人物である。銘文のオオヒコは、この大彦命を指していた可能性は高い。

では、銘文を刻ませたヲワケノオミはどうか。第一主体部に鉄剣とともに納められていた遺体が、その人か否か。これについては、現在でも議論はある。ただ、自らの上祖と系譜を刻んだ鉄剣を第三者に渡すのは不自然であると考えると、やはり、第一主体部の礫槨内に納められた遺体が、ヲワノオミその人か近親者である可能性が高いだろう。仮にそうでないとしても、五世紀後半の時点で、東国の豪族が上祖からの系譜を理解し、それに意味を認め古墳に入れた意義は大きい。同時に注意すべきは、金象嵌銘鉄剣が出土した稲荷山古墳は、立地する埼玉《さきたま》古墳群の中で最も古いという事実である。

古墳群と系譜

埼玉県行田市の埼玉古墳群は、東西約五〇〇《メートル》、南北約八〇〇《メートル》の範囲に大小四〇基以上の古墳を築く。旧武蔵国地域では最大規模の古墳群で、武蔵国造との関連が推定できる。五世紀後半の稲荷山古墳から七世紀前半頃の方墳、戸場《とば》口山《ぐちやま》古墳まで約二〇〇年にわたり連綿と古墳が造り続けられた。

特に注目したいのは、前方後円墳に長方形の二重周溝がめぐるという、特徴的な形が代々受け継がれた点だ。五世紀後半の稲荷山古墳に続き、二子山古墳（六世紀初頭）、愛宕山古墳（六世紀前半）、瓦塚古墳（六世紀前半〜中頃）、奥の山古墳（六世紀中頃）、将軍山古墳・鉄砲山古墳（六世紀後半）、中の山古墳（六世紀末期〜七世紀初頭）と、年代・世代ごとに特徴的な前方後円墳の形を受けついだ。最後は、七世紀前半頃の方墳、戸場口山古墳で古墳の築造は終了する。前方後円墳の変遷には特徴的な墳丘の形態を代々継承しようとする意図を読み取れる。これは系譜意識の現れと評価してよい。ならば、五世紀後半の稲荷山古墳の成立は、東国の新たな有力豪族の系譜が成立したことを示すと言ってよいだろう。上祖オオヒコからの系譜を刻む鉄剣は、その起点、稲荷山古墳に納められたのである。

これにより、上祖オオヒコから続く系譜は、ヲワケノオミ（もしくは彼の父など近親者）を接点として新たに成立した豪族の系譜に接続し、その歴史性を保証した。また、続く世代の人々は、生前は上祖オオヒコの系譜に連なる「児《こ》」として生き、死後は遺体を先代と同じ形の古墳に納め、副葬品と飲食を供える儀礼が行われ、上祖オオヒコにつづく「祖《おや》」へと組み込まれた。このような系譜意識にもとづき世代ごとに特定の範囲で継続的に古墳を築造した結果、埼玉古墳群は形成されたのである。上祖・祖から児へつづく系譜意識と、五世紀後半から始まる埼玉古墳群の形成は密接に関係していたと考えられる。

死者・遺体の性格

では古代の人々は、古墳の死者・遺体をいかなる存在と考えたのか。これは、古墳に納めた死者・遺体をなぜ密閉し、区画・遮蔽したのかという問題と直結する。まず、八世紀、古墳の死者・遺体をどのように認識していたのかが窺える記事を『続日本紀』から引用してみよう。

◎和銅二年十月癸巳（十一日）。若《も》し彼の墳隴《ふんろう》、発《あば》き掘らるるは、随って即ち埋《うず》み斂《おさめ》て露わし棄てしむることなかれ。普《あまね》く祭酹《さいらい》を加え、以て幽魂を慰めよ。

◎宝亀十一年十二月甲午（四日）。今聞く、寺を造るに悉《ことごと》く墳墓を壊《こぼ》ち其の石を採り用うと。ただ鬼神を侵し驚かすのみにあらず、子孫を憂え傷《いた》ましむ。今より以後、宜しく禁断を加うべし。

和銅二年（七〇九）の記事は、当時の国家事業、平城京の建設に伴うものだ。もし、工事でやむを得ず古墳（墳隴）を壊してしまったら、その遺体と副葬品は晒したり棄てたりせず埋め納めて丁寧に祀り、死者の魂（幽魂）を慰めよ、との趣旨である。続く宝亀十一年（七八〇）の記事では、寺院造営で必要な石材を、古墳を破壊し調達してはならないとする。なぜなら、古墳を壊せば鬼神（死者の霊）を侵し驚かせるだけでなく、子孫を憂慮させることとなるからだとしている。八世紀、古墳とは遺体とともに幽魂・鬼神（死者・祖先）がいる場所で、これを破壊し遺体を晒すことは、子孫（子）が憂慮する状態を招くと考えていたのである。

大王墓・陵墓の場合はどうか。それを示すのが、『続日本後記』承和八年（八四一）と十年の神功皇后陵に関する記事である。承和八年五月三日、神功皇后陵へ天皇の言葉「宣命」を申し上げ、地震・旱疫の災害や兵乱から国家を守護してくれるよう祈願している。この直後、五月十二日には次の宣命が出てくる。

重ねて神功皇后御陵に宣命を奉るにのりたまわく。天皇が詔の旨と挂《か》けまくも畏《かしこ》き山陵に申し賜えと申さく。このごろは、旬にわたりて、雨ふらざるは、もし祟ありてかと、卜い求めれば、山陵に奉り遣したる例《ためし》の貢の物、闕《か》け怠れる祟見ゆ。香椎廟《かしいびょう》（仲哀天皇と神功皇后を祀る）も同じく祟をなしたまえりと卜い申せり。驚きて尋ね検《かんが》うるに、所司の申さく、去年より以往、両年の間、荷前《のさき》を便輙《たやす》く陵戸人に付け奉り遣《つかわ》ししより、必ずしも供え致さざるもありけんかと疑うと申す。今、恐れ畏みて将来は然せしめずして、貞《ただ》し奉り致さしめん。（中略）謝し申し祈《の》み申す状を平《たいら》けく聞こしめして時も換えさず甘き雨零《ふ》らしめ賜えと恐《かしこ》み恐みも申し賜えと申す。

ここのところ雨が降らないので、何かの祟りかと思い卜ったところ、山陵（神功皇后陵）への貢物がきちんと捧げられていなかったことが判明、今後はこのようなことは無いようにするので雨を恵んでほしいとの内容である。また、承和十年三月には山陵の木を伐ったため、山陵が鳴るという異変が発生した。

神功皇后陵は、奈良市の佐紀《さき》盾列《たてなみ》古墳群中の前方後円墳、五社神《ごさし》古墳（墳丘全長約二六七メートル）である。この古墳からは、家形、蓋形、盾形、壺形の埴輪、土師器高杯、壺のほか、兵庫県の行者塚古墳と同じ笊形《ざるがた》土器が出土しており、年代は四世紀末期から五世紀初頭を推定できる。

承和八年の宣命は、陵墓である五社神古墳の神功皇后に対して申し上げたものである。その宣命の内容から考えると、五社神古墳の神功皇后は、国家守護という恵み＝プラスの働きを示すと同時に、祟り＝マイナスの働きを示すと認識されていた。古墳の特別な人物＝「祖」は、国家を守護する「恵み」を与えるのと同時に、不適切な対応があれば災いをもたらす「祟り」を示す、神と同じ霊威の強い存在と考えられていたのである。

承和八年の神功皇后への宣命は、一貫して陵墓（五社神古墳）に対するものであり、具体的には古墳に納めた神功皇后（大足姫命《おおたらしひめのみこと》）の遺体を対象に申し上げていた。

死者と遺体の関係

この宣命に近い時期、九世紀初頭の仏教説話集『日本霊異記』に遺体と死者の関係を物語る説話がある。一つは上巻「人・畜に履《ふ》まるる髑髏《ひとがしら》の救い収められ、霊《あや》しき表《しるし》を示して現に報ずる縁　第十二」である。道登大徳《どうとうだいとこ》の従者の万侶《まろ》は、道端で踏まれていた頭蓋骨を木の上にのせ救ったことで、その霊が恩を返したとの内容だ。頭蓋骨と死者の霊とを直接結び付けて語る。もう一つは中巻「おのが高き徳を恃《たの》み、賤《いや》しき形の沙弥《しゃみ》を刑《う》ちて、現に悪死を得る縁　第一」、謀反の疑いで自殺した長屋親王の話しである。親王の遺体は焼かれ、遺骨は砕かれて海に捨てられた。彼の遺骨は土佐の国に流れ着き、そこでは多くの人々が死亡する。原因は親王の「気」によると書かれている。これも遺体・遺骨と死者を一体に考え、それが祟るという筋である。『日本霊異記』は、仏教の布教テキストとしての性格を持ち、ここに収めた説話は当時の人々にとって分かりやすい設定となっていたはずで、遺体・遺骨と死者の霊とを結びつける理解は、当時は一般的であった可能性が高い。

また、特定の人物の遺体が、人々に恐怖と脅威を与える「荒ぶる」状態となることもあった。『令集解』巻四十「喪葬令」で、葬送にかかわる遊部《あそびべ》の「古記」註釈には「長谷天皇《はつせ》（雄略天皇）の崩《かむあが》りましし時に及び、（中略）七日七夜御食《みけ》を奉らず。此れによりあらびたまいき」とある。陵墓（古墳）に納める、崩御した雄略天皇の遺体へと飲食を供えなかったために雄略天皇＝死者は「荒びたもうた」という。死者と遺体を一体に理解していると考えてよい。「古記」は『大宝令』の註釈なので、この理解は、八世紀前半には存在したことになる。

さらに遡り古墳時代、五世紀後半から六世紀には、田中良之が指摘する「遺体毀損」の事例がある。横穴式石室や横穴墓内で故意に遺体や遺骨を毀損・移動する行為である。島根県出雲市の中村一号墳のように、閉塞した石室の遺体を毀損する例は、その典型である。遺体を石室内の石棺に納めて一〇年前後を経た時点で遺体を毀損していた。遺体・遺骨を故意に毀損・移動させること自体、当時の人々が遺体・遺骨に特別な意味を認めていた証左であり、ここでも死者と遺体・遺骨を一体に理解していた可能性が高い。

古代、古墳の特別な人物「祖」とその遺体は、一体のものと理解され、それは国や地域を守護すると同時に、不適切な対応があれば祟るという、神と同じ霊威の強い存在と考えられていた。だからこそ、古墳の遺体は、周囲からの悪い影響が及び祟りが発生しないよう厳重に密閉され、周囲から区画・遮蔽されたのだ。そして、場合によっては遺体の強い霊威を恐れ、これを抑えるため遺体そのものの毀損が行われたのではないだろうか。

こう考えると、古墳における儀礼は、この霊威が強い特別な人物「祖」とその遺体を対象とした「祭祀」と定義してよいだろう。古墳とは、単に遺体を安置する墓ではなく、霊威の強い「祖」の遺体を納め、副葬品を捧げ飲食を供えて国・地域の安寧を願う「祖《おや》への祭祀」の場であったと考えるべきだろう。

古墳祭祀の意味

古墳で行われた祖への祭祀の特徴は、副葬品と飲食の供献にある。前節で見た、その変遷を簡単に確認しておこう。

死者へ銅鏡、勾玉など玉類、鉄製の刀剣、工具（鉇）を添えることは、すでに弥生時代後期には確認できる。三世紀後半には鏡、鉄製武器、工具の量が増加、農具が加わり古墳時代の副葬品は成立する。四世紀後半になると、銅鏡の数は減少する反面、斧・刀子などの石製模造品が加わる。そして五世紀前半、多量の鉄製武器・武具、農・工具、さらに帯金具、馬具が加わり、六世紀につながる副葬品の組み合わせが成立する。この組み合わせは、五世紀中頃（陶邑窯編年のTK二〇八型式段階）に、列島内で成立する祭祀遺跡での供献品の組み合わせと、帯金具、馬具を除き一致する。

死者への飲食供献も弥生時代後期以来の伝統である。古墳時代初期の三世紀には、壺形土器が成立し飲食供献は象徴的な形へと発展する。四世紀後半、前方後円墳の後円部墳頂で、家形埴輪を円筒埴輪と盾形などの埴輪により区画する形態が成立。五世紀初頭、これを造り出しに移し、飲食供献の様子を土製模造品と土器類で再現。さらに五世紀中頃までには、人物・動物埴輪を使い、古墳の死者へ飲食を捧げる姿を表現する形象埴輪群が成立した。

この直後、五世紀後半の四七一年には稲荷山古墳の鉄剣銘で、上祖を起点とする系譜を確認でき、古墳に納めた死者は、上祖の系譜につらなる祖と子（児）の関係で理解されていたと考えられる。

これらを総合すると、古墳に納めた死者「祖」の遺体へと添え捧げた品々が、五世紀代の古墳の副葬品であり、古墳の祖へ酒食を供え饗応したのが飲食供献であったと考えられる。同時期、神祭りの場でも、ほぼ同じ儀礼の内容を当てはめ、列島内で祭祀遺跡が明確化する。つまり、自然の働きに由来する「神」と、各氏族や人々の系譜を象徴する「上祖・祖」とは、ともに貴重な品々（供献品・幣帛と副葬品）を捧げ、飲食を供えるという共通した形で祀られたのであり、それは五世紀中頃に確立したと考えてよさそうだ。

古墳祭祀の実態

五世紀に確立する古墳の祖への祭祀は、どのような構成だったのか、保渡田八幡塚古墳などの形象埴輪群の構成から復元してみたい。

「神への祭祀」と「祖への祭祀」が共通した形であったことは、すでに確認した。その古代における神への祭祀の構成「祭式」を具体的に伝えるのが『内宮儀式帳』の祭式である。この原形は「古代祭祀の実態」の章でふれたように、形象埴輪群と同時期、五世紀代の祭祀遺跡まで遡る。したがって、祖への祭祀を示す形象埴輪群の構成と『内宮儀式帳』祭式と比較することで、祖への祭祀の実態を明らかにできるはずだ。

『内宮儀式帳』が記す祭式は、①「祭祀の準備」（供献品の製作、御酒《みき》・御饌《みけ》の準備・調理）、②「祭祀の実施」（幣帛《へいはく》・御饌などの供進、告刀《のりと》奏上、拝礼など）、③「祭祀後の対応」（供献品などの撤下・収納など）という流れである。この祭式と形象埴輪群の構成を比較すると、多くの共通点を確認できる。

形象埴輪群に共通する要素には、一「盛装した中心人物（古墳の死者、祖）への飲食供献、二「その場を守護する武人・盾持ち人」、三「馬具を装着した飾り馬」がある。これらの一「飲食供献」と二「祭祀の場の警護」は②「祭祀の実施」に対応し、三「飾り馬」は、②「祭祀の実施」で捧げた幣帛の飾り馬に相当する。

また、『内宮儀式』の祭式では、①「祭祀の準備」で琴を弾き神意を判定、禰宜《ねぎ》以下の神職は海で食材を採集して御饌を調理した。これは形象埴輪群の中心人物の近くに置かれた琴を弾く人物と、猪などの狩猟や鷹狩り、鵜飼いなどに対応し、供献する食材の準備を示していたと考えることが可能である。

囲形埴輪と御膳つ水

食材の調理、御饌の準備と関連すると考えられるのが、兵庫県の行者塚古墳などで出土した囲形埴輪である。この種の埴輪は、三重県宝塚古墳の事例のように水を引く導水施設（樋と槽）や井泉を囲むものがあり、従来、古墳での水の祭祀や殯《もがり》の儀礼との関連が指摘されてきた。しかし、行者塚古墳のように、これを飲食供献の場面に隣接して設置する状況からは、両者の密接な関連性が推定できる。飲食を供献する祭祀と水との関係を考える上で参考になるのが、次の「中臣の寿詞《よごと》」に出てくる「御膳《みけ》つ水」である。

中臣の遠つ祖《おや》天のこやねの命、（中略）「皇御孫《すめみま》の尊《みこと》（天皇）の御膳つ水は、顕し国の水に天つ水を加えて奉らんと申せ」と事教《ことの》りたまいしによりて、天のおし雲ねの神（天のこやねの命の子）、天の浮雲に乗りて、天の二上《ふたかみ》に上りまして、神ろき・神ろみの命（天皇家の男女の祖先神）の前に申せば、天の玉櫛を事依さしまつりて、「この玉櫛を刺し立てて、夕日より朝日の照るに至るまで、天つ詔との太詔と言をもちて告《の》れ。かく告らば、まちは弱韮《わかひる》にゆつ五百篁《いおたかむら》生《お》い出でん。その下より天の八井出ん。こを持ちて天つ水と聞しめせ」と事依さしまつりき。

意味は以下のように解釈できる。皇御孫の尊（天皇）が飲まれる「御膳つ水」は、現世の水に天つ水を加え奉れ、との天のこやねの命の教えがあったので、その子、天のおしくもねの神（命）は、浮雲に乗って天の二上に居られる神ろき・神ろみの命の所へ行き、その旨を申し上げた。すると玉櫛（玉串）を託され、これを指し立て天の八井を明らかにし、そこから湧く天つ水を特別な水として天皇に奉りなさい、と御依頼になった。

中臣寿詞は、天皇の即位に当たり祖先の神を祀る践祚大嘗祭で中臣氏が奏した。康治元年（一一四二）、近衛天皇の大嘗祭で中臣清親が奏したものが『台記別記《たいきべっき》』に残る。引用した部分に続き、天皇が祖先神に供え、ともに召しあがる大御酒の醸造、御膳の準備、それらを担当する「酒造児《さかつこ》」「稲《いな》の実《み》の公《きみ》」等について述べている。天皇が飲まれるのは特別な水「御膳つ水」であり、また神に供え自らも召しあがる酒や飯を準備するにも特別な水が必要だとの認識があったのは間違いない。

貴人の飲料水に対する特別な意識は、すでに八世紀前半の『常陸国風土記』などでみることができる。『常陸国風土記』の総記では、倭武天皇《やまとたけるのすめらみこと》（ヤマトタケルノミコト）が新治《にいばり》の県に毘那良珠命《ひならすのみこと》を使わして新しい井を掘っており、信太《しだ》郡条には、大足日子《おおたらしひこ》の天皇（景行天皇）が、浮島の帳《とばり》の宮に行幸したとき、水の供御がなかったので、卜者に占わせて井戸を掘らせたとある。中臣寿詞と類似した内容だ。行方《なめかた》郡条では、倭武天皇へ御膳を奉るため新たな清い井を掘らせており、香島郡条には倭武天皇へ御膳をたてまつる水がなかったので、鹿の角で地を掘った説話がある。十二世紀前半の中臣寿詞が記す、神・貴人の食事と水との関係は、八世紀前半まで遡る。

こう見てくると、五世紀、飲食を供献する様子とともに用意された井泉・導水施設と囲形埴輪は、古墳の死者＝「祖」へ捧げ、酒食の用意に必要な特別な水の存在を象徴的に示していたと考えられる。そして周囲を区画・遮蔽する形態は、その水の神聖性を維持する機能をもっていたのだろう。祖へと供える飲食物（酒・飯）の準備には特別な水が必要で、それを象徴するのが井泉・導水施設の囲形埴輪だったのである。

機織り埴輪

一方、祭祀遺跡と同様、古墳からも布帛類を織る紡織具は出土する。たとえば、五世紀代の古墳、奈良県橿原市の四条古墳一号墳から木製の紡織具が出土している。古墳と紡織「機織り」との関係は、六世紀まで受けつがれた。栃木県下野市の甲塚《かぶとづか》古墳で二種類の機織りで布を織る女性の埴輪が出土している。一つは当時としては先進的な「地機《じばた》」とよばれる形式、もう一つは自分の足で経糸を張る伝統的な「輪状式原始機《りんじょうしきげんしばた》」とよばれる形式である。

甲塚古墳は、円墳に造り出しがつく帆立貝形の墳丘（直径約八〇メートル《メートル》）で、年代は六世紀後半。機織りの女性以外に、男女の人物、馬と馬子、盾持ち人からなる人物埴輪群があり、須恵器大甕と高杯、土師器杯など大量の土器集積が、横穴式石室の入り口に近い造り出しから出土した。形象埴輪群と飲食供献の伝統を受けついでいる。

機織りをする女性の埴輪は、五世紀の古墳から出土する木製紡織具に対応すると同時に、形象埴輪群や多量の土器が示す古墳での祖の祭祀に、機織りの要素が組み込まれていたことを窺わせる。祭祀遺跡からは紡織具が出土し、神への祭祀では供献品や祭具として布帛類は重要な意味をもっていた。古墳での祖への祭祀も、これと同じ状況だったのではないだろうか。その布帛類には、保渡田八幡塚古墳から出土した大量の布片、行者塚古墳・稲荷山古墳の帯金具と対をなしたはずの衣服類との関連を考える必要があるだろう。

祖への祭祀の画期

五世紀、古墳における「祖への祭祀」は朝鮮半島や中国大陸からの新たな要素を加えながら整備され、五世紀前半から中頃には、六世紀につながる副葬品の内容と形象埴輪群が成立する。この動きと並行して自然の働きに対する「神への祭祀」も整備され、列島内の各地で展開、その痕跡は祭祀遺跡として残された。五世紀の前半から中頃は、「祖への祭祀」「神への祭祀」ともに共通する大きな画期となっていたのである。古代日本の神・死者観の成立を考えるには、この時期に何が起こっていたのか、「祖」と「神」の両方を視野に入れて歴史的な背景を検討しなければならないのである。

黄泉の国と祖の継承

祖・神の受容

　古墳における祖への祭祀と、自然の働きに由来する神への祭祀が成立する上で五世紀前半から中頃が共通する大きな画期であった。この時期、古墳の副葬品や祭祀の供献品で顕著に認められる変化は、中国大陸や朝鮮半島からの影響である。それは鉄素材「鉄鋌」の多量の流入や、鍛冶、紡織、須恵器焼成といった新たな技術導入、さらには馬匹《ばひつ》文化の受容であった。このような物質的・技術的に新たな刺激を受ける中で祖と神への祭祀が整えられていったとすると、その思想的・信仰的な面でも、中国大陸や朝鮮半島から少なからず影響を受けていたと考えるべきだろう。

　その影響とは何か。そこで思い当たるのは、やはり埼玉古墳群の稲荷山古墳の金象嵌銘鉄剣である。冒頭の干支「辛亥年」は五世紀後半の西暦四七一年で、「祖」（上祖）と「天下」の文字を同時に使用する。これには、すでに「古代の神観と祭祀」の章で引用した中国漢代の『礼記《らいき》』祭法第二十三との関係が考えられる。「山林川谷丘陵の能《よ》く雲を出し風雨を為し怪物を見《あら》わすを皆、神と曰《い》う」と神を定義し、「天下を有《たも》つ者は百神を祭る。諸侯は其の地に在れば則《すなわ》ち之を祭り」と、神と天下の関係を説明する部分である。この前段には「祖」の文字を含む次の文章がある。

　祭法。有虞《ゆうぐ》氏は黄帝を禘《てい》にして嚳《こく》を郊《こう》にし、顓頊《せんぎょく》を祖にして尭を宗にす。夏后氏は亦《また》黄帝を禘にして鯀《こん》を郊にし、顓頊を祖にして禹《う》を宗にす。殷人は嚳を禘にして冥を郊にし、契《せつ》を祖にして湯を宗にす。周人は嚳を禘にして稷《しょく》を郊にし、文王を祖にして武王を宗にす。柴《さい》を泰壇に燔《や》きて天を祭る、泰折に瘞埋《えいまい》して地を祭る。

有虞氏（舜）、夏、殷、周の祖先への祭り、「禘」（天の神＝上帝の祭りに祖先神を招き祀る）と「郊」（上帝の郊祭に先祖神を配して祀る）についてふれ、あわせて各々の「祖」（氏族の遠祖）と「宗」（氏族の始祖）を説明する。つづけて、犠牲を柴で焼く天の祭りと、供物を埋める地の祭りについて書く。この後段で四時・寒暑の祭りにふれ、「古代の神観と祭祀」の章で引用した「王宮に日を祭り」の一節へとつながる。このように『礼記』祭法は、祖先祭祀と「祖・宗」、天・地、四時・寒暑への祭り、自然の働きに由来する「神」、さらに天下と神の祭りの関係を体系的に説く。

稲荷山古墳の鉄剣銘の存在から、五世紀後半までには日本列島内、少なくとも大和王権の周辺では「祖」と「天下」の文字を受容していた。その直前には古墳の儀礼に大きな変化があらわれ、祭祀遺跡が明確化する。この考古資料の年代的な傾向と、鉄剣銘の「祖」と「天下」の組み合わせは、単なる偶然の産物とは考えにくい。物質的・技術的な中国大陸・朝鮮半島からの刺激と並行して漢籍から思想的な影響を受け、「祖」「天下」の文字と考え方を受容していたのではないか。その漢籍の候補の一つに、「祖」「神」「祭」「天下」を同時に使い意味を説く『礼記』祭法をあげることができる。そこから、これらの文字を受容し、意味するところを参考に古墳での死者への儀礼を「祖への祭祀」、生産・交通で重要な自然環境の働きに対する儀礼を「神への祭祀」として整備したのではないか。あわせて、「祖」と「神」の祭祀は、大王の「治天下」に必要なものとの意識を形成したのではないだろうか。

祖と魂・魄

ただし、ここで注意しなければならないのは、「祖」の文字を受容したからといって『礼記』の霊魂観「魂魄」の考え方を、そのまま受容したとは限らない点だ。

『礼記』では祖先に対し「祖」と「宗」の文字を使い、二つの文字は厳密に使い分ける。これに対し稲荷山古墳の鉄剣銘文は「上祖」と「児」の関係で系譜を示し、『礼記』のような「宗」の文字は使わない。これは、古代日本の文献も同じである。『古事記』は「祖」、『日本書紀』『風土記』は「祖・上祖・遠祖・始祖」などを使い、やはり「祖」を基本としている。この点、『礼記』の祖先の表現とは基本的に異なる。

日本列島では、古墳時代を通じて遺体への飲食供献が行われ、死者＝遺体を密閉し、区画・遮蔽する形は残った。これは、古代日本の文献が伝える遺体・遺骨と一体となった霊魂観や、不適切な対応に陵墓（古墳）の死者・祖先は祟るという認識と整合的につながる。

一方、『礼記』は郊特牲第十一で、死後、人の「魂気」（精神の機能）は天に帰り、「形魄」（肉体の機能）は地に帰る、と説く。この考え方は、死者と遺体を一体に考える日本列島での霊魂観とは根本的に異なる。このため、五世紀の時点で『礼記』の霊魂観「魂・魄」を、そのまま受け入れ列島内で霊魂観が大きく変化したとは考えにくい。

「神」も同様で、日本列島の「神」は、恵みを与える一方で祟る存在である。これは、恵みと災害を同時にもたらす日本列島の自然環境に由来していた。

五世紀、「祖」「神」の文字を受容しながらも、その霊魂観・神観には、特徴的な日本列島の環境の中で形成された伝統的な要素が残されていたと考えるべきだろう。

ところで、五世紀には、古墳の「祖」と祭祀遺跡の「神」は、ともに貴重な品々を捧げ飲食を供える共通した方法・祭式で祀られたと考えるならば、自然の働きに由来する神も、祖と同様に貴重な品々を喜び、酒食の饗応を受ける、祖と同じ人格化した存在として認識されていたはずである。そうすると、『記紀』や『風土記』が語る人格化した神のイメージは、祭式の点から考えると五世紀には成立していた可能性が高いだろう。

これと関連して、古墳における祖の祭祀の特徴、飲食供献の歴史的な意味について考えておく必要があるだろう。考古資料を見ると、死者＝遺体への飲食供献は、弥生時代後期に淵源があり、七世紀まで古墳時代を通じて行われた伝統的な要素である。

大嘗祭との関係

他方、文献史料に目を移すと、飲食供献の祭祀は、七世紀を境に大嘗祭、新嘗祭、神今食《じんこんじき》といった天皇の祖先神を祀る祭祀として姿を現すようになる。この中で大嘗祭《だいじょうさい》は、『日本書紀』天武天皇二年（六七三）には確認できる。

これら祭祀の中で最も大規模なのが、天皇の即位に伴う践祚《せんそ》大嘗祭である。その本質は、折口信夫が「大嘗祭の本義」でとなえた秘儀による天皇霊の継承ではなく、岡田莊司氏が指摘するように祖神の饗応にある。舞台となる大嘗宮の構造は、九世紀後半の『儀式』と十世紀の『延喜式』で確認でき、それは、平城宮での発掘調査成果から八世紀まで遡ることが判明している。

大嘗宮は、悠紀《ゆき》・主基《すき》の二院からなり、周囲を柴垣《しばがき》で区画・遮蔽し、両院が接する部分

図43　平城宮の大嘗宮推定復元図（岡田莊司氏所蔵，中島宏子氏作画）

に南北の門を開け、中を遮蔽する屏籬を立てる。南北の門には、各々、神盾二枚、鉾四本を並べる。柴垣内には両院とも祖神へと飲食を供する正殿を建て、北側に供膳を準備する臼屋と膳屋《かしわや》、南に厠《かわや》を配置する。この構造を、古墳と比較すると、四世紀後半から五世紀前半に成立する、円筒埴輪と盾形、靫形、蓋形、甲冑形の埴輪で区画した中に複数の家形埴輪を置く形と類似する。また、飲食の供献を祭祀の中心に置く形は、五世紀に成立した形象埴輪群と共通する。

　大嘗祭の原形には、大化前代の「新《にい》嘗《なめ》」の存在が推定されている。大嘗宮と、家形埴輪などの配置との類似から、古い「新嘗」の場を摸したのが古墳における埴輪の儀礼表現だったと考えることも可能だろう。六世紀まで祖に飲食を供え饗応する祭祀は、新嘗の祭りとともに、遺体を納めた古墳で行われていたことになるだろう。ところが、七世紀代、古墳では飲食を供え、副葬品を捧げる要素が失われ、祭祀の場としての機能は消失、古墳の性格は大きく変化した。これに伴い、古い「新嘗」の祭祀は、七世紀後半、新たな「大嘗祭」として再編成され、祖神を祀る祭祀として継承されたのである。それは、七世紀後半の「祖」をいかに位置づけるのかという問題と密接に関係していたと思われる。この点は、後に詳しく述べたい。

神祖の尊

祖へと飲食を供献し饗応する祭祀は、大王・天皇の「大嘗祭・新嘗祭・神今食」だけに継承されたわけではなかった。七世紀まで古墳を造り「祖」を祀ってきた多くの氏族も継承した。その一端を示すのが、『常陸国風土記』筑波郡条の「神祖《みおや》の尊《みこと》」の説話だ。筑波の神は、「神祖尊」（祖先の神）に対し「飲食《おしもの》を設けて、敬《いや》び拝《おろが》み祇《つつし》み承《ま》りき」とあり、新嘗の夜に訪れた「神祖の尊」を飲食で丁重に饗応し拝している。それは古代の大嘗祭や神今食の内容、祖先神を飲食で饗応することと一致する。『令集解』月次祭《つきなみ》の註釈に「庶人の宅神祭《たくじん》の如きなり」とあるのは、六・十二月の月次祭の夜、皇祖神を飲食で饗応する神今食を指すと考えられ、一般の人々も同様に祖先を饗応する宅神祭を行っていたのである。

この形は、九世紀代のほかの文献で確認できる。先に取りあげた『日本霊異記』上巻の説話「人・畜《けもの》に履《ふ》まるる髑髏《ひとがしら》の救い収められ、霊《あや》しき表《しるし》を示して現に報ずる縁　第十二」では、頭蓋骨と一体に語られる死者の霊は、年末に遺族のもとを訪れ、飲食の饗応をうけている。「（髑髏の霊は）おのが分の饌《よきくらいもの》をもて万呂《まろ》に与え、ともに食らう。（中略）その母と長子と、諸《もろもろ》の霊《たま》を拝せむがためにその屋の内に入る」とあり、特定の建物で、遺族が飲食を供え、諸霊（死者の霊）を拝している。遺体と死者を一体に考える死者観とともに死者を飲食で饗応するという祭祀の形は、古墳時代で終焉を迎えるのではなく、九世紀までは維持されていたと考えられる。

生者と死者の景観

古墳時代の死者の考え方、飲食の供献が八・九世紀に続いていたことは、考古資料の分析からも裏付けられる。千葉市の高沢遺跡と周辺の古墳群の変遷を分析すると、古代の人々は、生者が暮らす集落と、死者がいる墓域（古墳群）との位置関係「生者と死者の景観」をいかに考え、それを継承していたのかが明らかとなる。高沢遺跡は、東京湾岸、下総国の南部、上総国に接する地域の集落遺跡で、北と東側に小さな谷を隔てて古墳群が立地する。

まず五世紀後半、高沢遺跡には二つの竪穴住居群が現れ集落が成立する。これに対応するように、五世紀末期から六世紀初頭までに、集落の北側に三基の古墳が築造された。続く六世紀中頃から後半でも二つの竪穴住居群からなる集落は維持され、古墳は東側の谷を隔てた台地上まで展開、台地上の集落と、その北と東に隣接する古墳群、墓域の景観が成立する。古墳群は、円墳一八基（径一〇〜二七メートル）、帆立貝式古墳一基（二一メートル）からなり、七世紀前半に横穴式石室を導入、七世紀中頃まで古墳を造っている。古墳群の中には八世紀以降の築造と考えられる方形墳が七基ある。一方で、高杯・赤彩の盤という供膳儀礼用の特殊な土器が出土した、八世紀の竪穴建物一棟のほかは、住居の跡は確認できない。

集落は、五世紀以来の二つの竪穴建物群を中心に九世紀まで存続し、集落と古墳群・墓域の景観は八・九世紀まで維持されたと考えてよい。

古墳群を構成する古墳では、周囲を区画する溝「周溝」の中や、横穴式石室の入り口付近から、土師器・須恵器の杯や壺が出土し、飲食の供献が行われていたと推定できる。しかも、それは、古墳が築造された六・七世紀の土器類だけでなく、八・九世紀の土師器・須恵器、さらには灰釉陶器の碗まで含んでいる。古墳群は、集落で暮らした人々の「祖」の遺体を納めた場所として、死者＝祖へと飲食を供える祭祀とともに、五世紀から九世紀頃まで継承されたと考えられる。『続日本紀』慶雲三年（七〇六）三月十四日条は、王公諸臣（有力者）の土地占有を禁ずる詔をのせるが、そこで例外とした「氏々祖墓」には、このような古墳群が含まれていたのだろう。

五世紀末には成立した古墳群は、集落に暮らす人々が、自らの「祖」が遺体とともにいる場所として認識しつづけたので、集落と古墳群・墓域の景観は維持された。古墳群とそこでの祖の祭祀が、集落で暮らした人々の系譜意識を象徴しており、集落とともに八・九世紀まで継承されていたのである。『播磨国風土記』にあった居住地を設定した祖の記憶に通じるものがある。また、『常陸国風土記』が記す「神祖の尊」の伝承は、このような集落景観の中で語り伝えられていたのだろう。

七世紀の変化

祖への祭祀の継続性とは別に、古墳の形は七世紀代に大きく変化する。まず、前方後円墳が造られなくなり、八角墳や方墳へと変化する。これと連動して祖への飲食供献を表わしてきた埴輪群も消滅する。遺体を安置する施設は、横穴式石室に代わり「横口式石槨」が七世紀中頃以降、急速に普及する。これは内部空間が、遺体を入れた棺を安置するだけのスペースにほぼ限られ、この普及により遺体とともに多数の副葬品を納める伝統も消滅した。結果、古墳は死者・祖を祀る場から、遺体を安置するだけの場所「墓」へと変化する。この変化は、一般的には、厚葬《こうそう》を禁止した「薄葬令」との関係で説明される現象である。

しかし、七世紀に変化したのは古墳だけではなかった。すでに「古代祭祀の実態」の章でみたように七世紀の中頃から後半にかけて、儀礼・祭祀の体制は変化した。神宮・神郡

（評）の成立、幣帛の再編成と最終的な成立である。これと並行して古墳は変化していったのである。古墳の変化は、単に「薄葬令」との関係だけに矮小化すべきではない。七世紀後半、古代の律令国家が形成される過程で、「祖《おや》」への祭祀を、国家的にどのように位置づけ、体系化して国家の祭祀に組み込むのかという問題と直結していたのである。これに対応したのが、七世紀末期から八世紀初頭に編纂された『古事記』の「祖」であり、『日本書紀』の「上祖《かみつおや》・遠祖《とおつおや》・始祖など」だった。「祖」「上祖・遠祖・始祖など」からつづく系譜意識は、氏族や集落を構成する人々を互いに結び付けてきた。その意味で祖への祭祀と信仰は、律令国家や地域社会を安定的に維持する上で必要不可欠な要素だったのである。

黄泉の国の位置づけ

最後に、今まで見てきた「祖」への祭祀・信仰と、「黄泉《よみ》の国」との関係を考えておきたい。黄泉の国とは、改めていうまでもなく『古事記』で死した妻、伊邪那美命《いざなみのみこと》を追って伊邪那岐命《いざなきのみこと》が赴く死者の国である。この黄泉の国を古墳の横穴式石室に対応させる解釈は、現在でも考古学研究を含め広く説かれている。果たして、そう考えてよいのだろうか。

古墳の横穴式石室を盛んに造り、使ったのは六世紀代である。そこは、死者（祖）の遺体を安置し副葬品を納め、飲食を供え饗応する場として機能した。この特徴は、今まで見てきたように、古代の文献が記す祖への祭祀の形と一致する。

これに対し、『古事記』の黄泉の国はどうか。それは、古墳が祖の祭祀の場という機能を失った七世紀末期から八世紀初頭に編纂・記録されたものである。その特徴は、黄泉の国と死者を穢《けが》れた存在として強調し描写する点にある。少なくとも、自らの祖《おや》がいる場所としての性格は読みとれない。つまり、この黄泉の国の神話は、古墳の祖への祭祀としての機能が喪失し、古墳そのものが変質してしまった七世紀末期以降、それまでの古墳や祖への信仰・祭祀とは別の脈略の中で語られたものである可能性が出てくる。

やはり、『古事記』の黄泉の国は、『古事記』全体の文脈の中で読み、意味を考えるべきだろう。そこで強調する穢れた場所としての性格は、つづく三貴子誕生につながる重要な要素となる。天照大神を含む三貴子が誕生するには、黄泉の国の穢れを取り除く「禊《みそぎ》」が必要となる。この文脈の中でこそ、『古事記』の黄泉の国の意味は読みとらなければならない。黄泉の国を、古代の人々がイメージした死後の世界として一般化するのは慎重でなければならない。まして、全体の文脈から黄泉の国だけを切り離し、古墳や横穴式石室と単純に対応させるべきではないだろう。

他方、遺体と死者の存在を一体に考え丁重に扱い、飲食を供える祭祀の形は、古墳時代だけでなく、後の日本人の祖先の信仰へと大きな影響を与えた。それは、仏教説話集の

『日本霊異記』が記していることからわかるように、日本人が仏教を受容しても容易に変化しなかった。その片鱗は、初秋に家々で祖先の霊を迎え御馳走でもてなす現在の盆行事の中にも残されているのである。

古代祭祀の終焉と現代――エピローグ

古代集落の変化

古代の地域社会は、九世紀後半から十世紀にかけて大きく変化した。考古学的には古代集落の消滅・分散が、この変化を象徴する現象である。「祖への信仰と祭祀」の章で取りあげた千葉県の高沢遺跡の集落も例外ではない。五世紀後半から続いてきた集落は、十世紀前半頃には竪穴建物は造られなくなり集落自体が消滅する。この現象には、竪穴建物や掘立柱建物を分散して造り、しかも一世代ごとに場所を移動させ始めたことが影響しているようだ。

これと同時に、五世紀末期頃から維持されてきた古墳群・墓域も忘れ去られていった。高沢遺跡の南、約八〇〇《メートル》にある千葉市椎名崎遺跡では、十世紀、古墳群の中に竪穴建物五棟が侵入し、古墳を区画する周溝の上に竪穴建物を造っている。古墳を祖《おや》がいる墓とは認識しなくなっていたのだ。五世紀以来の系譜意識を象徴した「生者（集落）と死者（古墳群・墓域）の景観」が、十世紀頃には急速に失われたのである。

五世紀頃から続いてきた土地利用のパターンが、十世紀頃を境に大きく変化したのは間違いないだろう。

河川の変化と用水系

また、九世紀後半から十世紀頃、河川と周辺の地形が変化していた状況が明らかとなってきた。

千葉県君津市内、小糸《こいと》川流域の事例を見てみよう。中流域に面する常代《とこしろ》遺跡では、五世紀中頃に竪穴建物からなる集落が成立、六世紀には基幹用排水路として大溝を掘っている。八世紀、集落は掘立柱建物を加え拡大し、大溝は改修・維持された。ところが、九世紀になると建物は不明確となり、九世紀後半の井戸を最後に集落は消滅したようだ。大溝の最も新しい出土遺物は九世紀前半の土師器《はじき》で、その後に用排水路としての機能を失ったと考えられる。九世紀後半には水が流れなくなり埋没したのだろう。

常代《とこしろ》遺跡の南、谷の中に位置する郡《こおり》遺跡では、小糸川の支流、江川の旧河道（埋没した川跡）三本を、発掘調査で確認している。最も古いのは弥生時代後期（紀元後一・二世紀頃）から古墳時代前期（四世紀頃）、次に古墳時代中・後期（五・六世紀頃）から平安時代前期（九世紀頃）の川跡、もう一つは平安時代後期（十一世紀頃）から中世前半（十四世

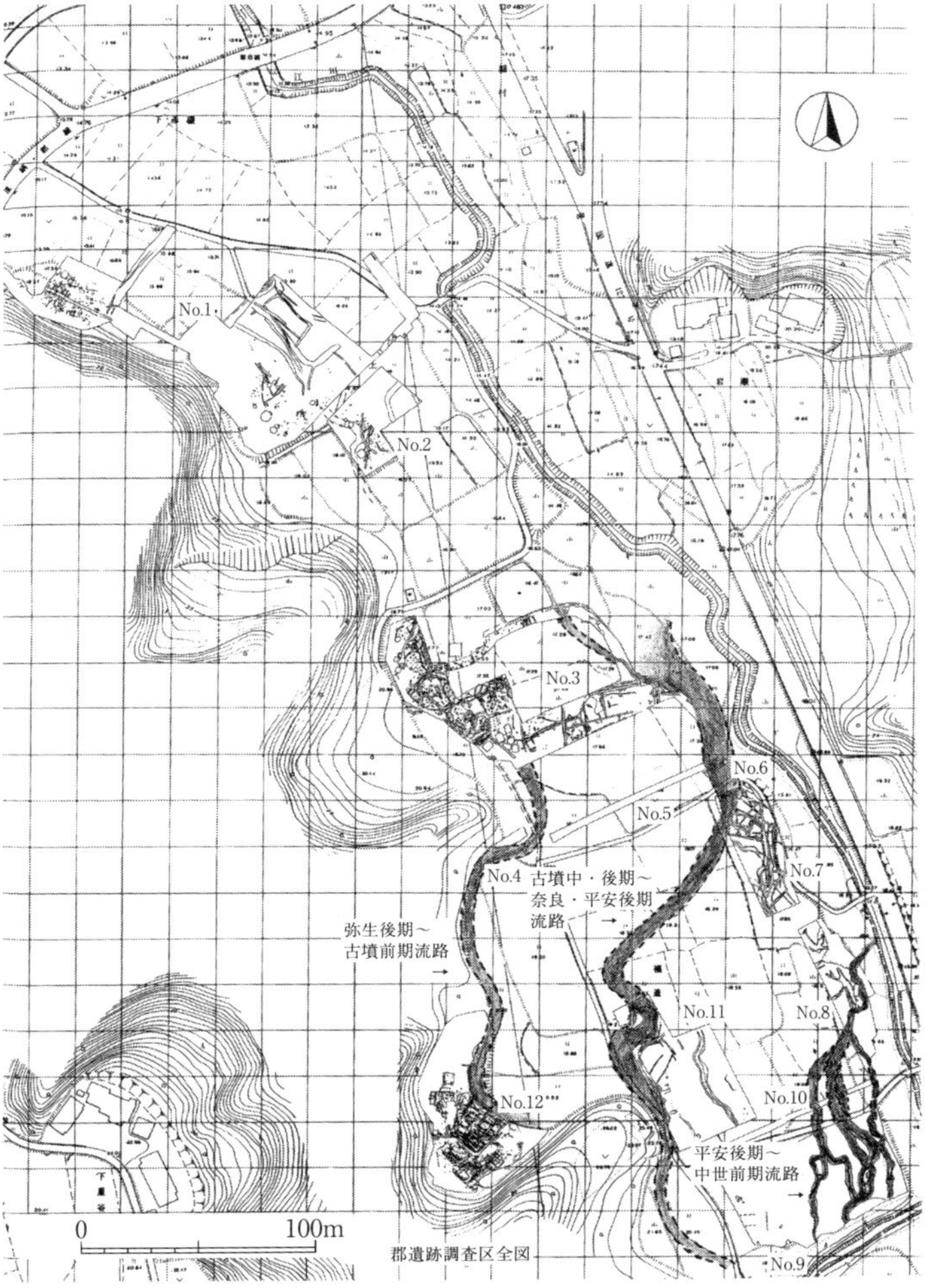

図44　郡遺跡の河道変化

紀頃）のものである。このうち古墳時代中・後期以来の川跡は杭を打ち込み護岸しており、下流域では五世紀の水田跡を発掘調査で確認している。この川は下流周辺に拓いた水田の灌漑用水源であったと考えられる。また、河の西岸、丘陵との間には六・七世紀頃の大形掘立柱建物群が建ち並んでいた。豪族居館としての性格が考えられる。これに面する川跡からは木製模造品、手捏《てづくね》土器、卜骨《ぼっこつ》などの祭祀用具が出土した。灌漑用水源であり祭祀の場であったのだ。この川跡に埋まっていた土器に、九世紀代が最も新しいので、川は十世紀頃までには埋没、川筋は東側へ移動し、中世前半へと続く河道となった。

これらの状況を総合すると、小糸川中流域では、九世紀後半から十世紀頃、小糸川本流に面する大溝には水が流れ込まなくなり、支流の川筋が埋没・移動するという変化が生じていたと判断できる。洪水などによる大量の流水で、小糸川本流の川底が浸食され低下し、支流は急速な浸食と土砂堆積により川筋を移動させていたのではないだろうか。その地形変化は、河川から取水していた古墳時代以来の灌漑システムにダメージを与えたと推測できる。ほぼ同時に発生する、古代の集落や祭祀の場の消滅は、地形変化やそれに伴う用水系の機能喪失と連動する、大きな動きの中で背景を考えるべきだろう。

九世紀後半の水害

このような状況は、特定の地域に限ったものではなかったようだ。

九世紀後半の貞観年間、『日本三代実録』を見ると富士山や鳥海山・開聞岳の噴火、地震の頻発に加え洪水・水害の記事が目立つ。まず、貞観元年（八五九）四月七日には陸奥国の洪水、二十四日は大雨、六月には霖雨《りんう》（長雨）とある。貞観二年六月三日には「五月より霖雨、大水」。貞観三年五月十五日は雨が降らず祈雨を行うが、六月九日には「去年九月、伯耆《ほうき》国水災に遭い百姓の損せらる者多し」とある。祈雨の記事も少なくなく、洪水のみならず旱魃が発生していた。

　貞観七年十二月二十七日には、尾張国で川の流れが移動した記事が出てくる。

尾張国言《もう》す。昔、広野河の流れ、美濃国に向かう。斯《こ》の時に当たり百姓は害なし。しかるに、頃年《けいねん》、河口壅塞《ようさい》し、惣《すべ》て此の国に落つ。雨水に遭う毎に、ややもすれば巨害を被る。望み請《こ》うらくは、河口を掘り開き、旧流に趣《おもむ》かしめんことを、と。

九世紀後半、広野川（木曽川）で土砂堆積が進み、流路が変化していた。小糸川流域の状況と類似する。洪水の影響だろうか。

　洪水の記事は、さらに続く。貞観九年は四・五月は霖雨で、五月四日は「大雨洪水。往還通じ難し」、五月二十九日には「宮城京邑に病苦死喪する者衆《おお》し。（中略）去んぬる月より此の月まで霖雨。人すこぶる之に苦しむ」とある。近畿地方で深刻な水害となった。また、貞観十一年七月十一日、肥後国で大風雨が発生、「海より山まで、その間の田園数百里、陥《お》ちて海と為」り、大風雨が水田へと大きな被害を与えていた。続く、貞観十二年の七月、検河内国水害堤使と築河内国堤使長官を任命し、七月二十二日、朝廷は河内国内で堤防建設を始めた。あわせて「成功の未だ畢《おわ》らずして重ねて水害有るを恐れるなり。これに由り、大和国三歳神、大和神、広瀬神、龍田神に奉幣し雨潦《うろう》無きを祈る」と記す。大和川で洪水が発生、国家事業として堤防建設を行わなければならない状況となっていたのである。

これらを総括するように、貞観十六年十月二十三日の詔勅には次のような言葉がある。聞くならく、諸国の風水灾《わざわい》を致し、河に隣するの郷、鼠は鳥樹の上に居し、水に浜するの地、魚は人道の中を行く。老弱没亡して其の死を待たず、田園淹損《えんそん》す。この時期、全国的に洪水が頻発、農業生産に大きな被害が発生していたとみてよいだろう。

異常気象と末法

実は、近年の研究で九世紀後半から十一世紀の気候は不安定で異常な状況であったことが判明しつつある。中塚武氏が進める「酸素同位体比年輪年代法」の分析である。年輪が含む酸素同位体（通常の一六よりも重い酸素一七・一八）の濃度により、大気中の水蒸気量の傾向（多ければ洪水の、少なければ旱魃の傾向）を、過去に遡り一年単位で把握しようとするものだ。この分析結果によると、九世紀後半から十一世紀前半には洪水と旱魃が頻繁に発生していたと推測できる（「Humanity & Nature Newsletter 地球研ニュース」四九、総合地球環境学研究所、二〇一四）。先に見た小糸川流域の状況や『日本三代実録』の貞観年間の霖雨・洪水の記事は、この傾向と関連していたのではないか。列島内の広範囲で洪水などを原因とする地形変化が起こり、古代の用水系に深刻なダメージを与えていた可能性が考えられる。

古墳時代、五世紀の祭祀遺跡の立地が示すように、各地域の神への信仰と祭祀は、古代の灌漑用水系と密接に関係していた。地形変化に伴う、伝統的な灌漑用水系の機能喪失は、水を供給する自然の働き＝神への信仰・祭祀にも大きな影響を与えていたはずだ。

そして十一世紀の永承七年（一〇五二）、日本では末法《まっぽう》の世に入るとされる年を迎えた。『扶桑略記《ふそうりゃくき》』永保元年（一〇八一）十二月十四日の記事は延暦寺による三井寺《みいでら》焼き討ちを伝え、併せて「今年末法に入りて三十年を歴《へ》る」と書く。翌年七月十六日には「去んぬる四月このかた、雨沢《うたく》降り難し。苗稼《びょうか》枯旱の愁あり。（中略）天の然らしむ、人力の及ばざるか。五畿七道の田畠、天下の飢饉、古今双《なら》ぶなし。俗に曰く、これ三井寺の仏像経巻焼失の災によるなり、と」とある。当時の仏教界の一つの中心、延暦寺による三井寺の壊滅的な焼き討ち、その翌年に発生した深刻な旱魃と飢饉。当時の人々は、二つの事件を相互に結び付け、末法の世の到来を実感していたと思われる。

本地垂迹説の背景

基幹産業の稲作を支えてきた伝統的な灌漑用水システムは、九世紀後半以降、地形変化により従前どおり機能しなくなる危機的な状況が発生、加えて、洪水・旱魃が頻繁に発生する不安定な気候条件は、同時代を生きた人々に深刻な社会不安をもたらしていたと考えられる。

伝統的な生産基盤の機能低下や、災害による深刻な社会不安に直面した人々は、その状況に対応する新たな信仰・祭祀を求めたのだろう。これに呼応するように急速に広まるのが、新たな神仏の関係、神（垂迹＝仮の姿）と仏（本地＝本来の姿）を一体に理解する「本地垂迹説」である。

経塚の造営

その現れの一つが、神への信仰と経塚《きょうづか》との関係である。

古代、富士山の神、浅間大神は水を恵み、噴火する神として信仰されていた。その神がいます富士山頂に、十二世紀前半、修行僧の末代上人は大日寺を建立、久安五年（一一四九）には、鳥羽上皇を始め多くの人々が写経した一切経論《いっさいきょうろん》を埋納した。これは、昭和五年（一九三〇）、富士山頂の三島ヶ岳から出土した経巻群である。この後、十二世紀後半、『吾妻鏡』治承四年（一一八〇）八月十八日条に「富士大菩薩」の名が見える。富士山頂での大日寺建立、一切経論の埋納を経て、古代の浅間大神は、大日如来を本地仏とし菩薩号を持つ「富士浅間大菩薩」へと変化していったのである。

類似した状況は、古墳時代の祭祀遺跡、静岡県浜松市の天白磐座《てんぱくいわくら》遺跡でも確認できる。井伊川の支流、神宮寺川の東岸、標高四一メートルの薬師山山頂にある遺跡だ。神宮寺川に面する薬師山の山頂には巨岩群があり、周辺から滑石製勾玉、鉄製の鉾、刀、鏃、手捏土器などが出土した。年代は四世紀頃から六世紀、河川・水と関係する祭祀遺跡である。遺物は、八世紀の土馬《どば》、九世紀から十世紀前半頃の須恵器・灰釉陶器と続く。そして、巨岩群の中心から愛知県渥美窯《あつみよう》産の経筒外容器（経典を納めた経筒を入れる容器）六個体以上が出土した。年代は十一世紀末期から十三世紀。この時代、古墳時代以来の祭祀の場、しかも中心部に仏教経典を納め経塚を作ったのである。この結果、古代の神は、仏教信仰で意味付けがなされ、富士山のように本地垂迹説を導入した可能性は高い。遺跡が立地する薬師山の名は、薬師如来との関係をうかがわせ示唆的だ。

鏡の投入

一方、十二世紀頃には水、池沼への鏡の投入が行われた。山形県羽黒山頂の鏡池は著名だが、群馬県の赤城山頂の火口湖、小沼《この》でも和鏡が採集されており、大場磐雄が紹介している。和鏡には瑞花双鸞八稜鏡《ずいかそうらんはちりょうきょう》八面の他、瑞花双鸞五花鏡《ずいかそうらんごかきょう》、瑞花八稜鏡《ずいかはちりょうきょう》、文様不明円鏡、蓬萊山文直線縁亀座鈕鏡《ほうらいさんもんちょくせんえんかめざちゅうきょう》、不明鏡（「虚空蔵《こくうぞう》云々」銘）があり、中心は十二世紀の八稜鏡である。

赤城山南側の山中には、これも大場が詳しく紹介するように、「櫃石《ひついし》」とよばれる巨石があり、周辺から五世紀頃の滑石製模造品と手捏土器が出土している。赤城山への祭祀は、古墳時代に遡る。「赤城神《あかぎのかみ》」は、『続日本後紀』の承和六年（八三九）六月二十三日条で従五位上の神階を授かっている。『日本三代実録』元慶四年（八八〇）五月二十五日、従四位上の神階授与の記事には「赤城石神」、もしくは「沼神」とある。石神・沼神は櫃石・小沼に対応する神名だろうか。赤城山頂の小沼《この》の水は粕川となり、南の斜面を流れ下り、南麓に水を恵んでいる。この働きが、赤城山＝赤城神への信仰の基盤となっていたと考えられる。

十二世紀頃、赤城山信仰の核と言える小沼へ和鏡を投入した後、十四世紀、中世神道の説話集『神道集』は、山頂の大沼《おの》＝赤城明神＝千手観音、小沼＝小沼明神＝虚空蔵菩薩という、本地垂迹説にもとづく新たな神観を語る。十二世紀、和鏡の小沼への投入を境に、古代の赤城神は、本地垂迹説による新たな解釈が加えられ、本地仏を千手観音・虚空蔵菩薩とする赤城明神・小沼明神へと生まれ変わっていた。この場合、水中への鏡の投入が、経塚造営と同じ働きを持っていたようだ。五・六世紀の水辺の祭祀遺跡、大柳生宮ノ前遺跡（奈良市）からは川の流れに投入した形で十二世紀頃の和鏡、瑞花飛鳥文八稜鏡《ずいかひちょうもんはちりょうきょう》が出土した。これも、同じ信仰的な背景が考えられる。和鏡は多くの経塚へ供養具として納められており、古代以来の神が坐す水源や河川へと和鏡を投入することも共通する意味をもっていたのではないだろうか。

用水系の再編と神仏

地形の変化により機能が喪失・低下した古代の灌漑用水系は再編成され、十二世紀には荘園・公領という新たな地域の枠組みが成立したと考えられる。灌漑用水系の再編を推し進めたのは、荘園では領主や荘官、国衙領（公領）では在庁官人層だっただろう。中世初期における大開墾の一側面が、ここにある。同時に、彼らは、新たな地域の枠組みに対応する信仰・神仏観として本地垂迹説を受容していったのではないか。

古代の灌漑用水系の再編に伴い、それを信仰面で支えた五世紀以来の神への信仰も変化した。伝統的な祭祀の場に経塚を造営したり水源に鏡を投入したりして、神々は、神仏を一体に考える本地垂迹説で仏教的に解釈された。その神々を祀る場は、水源や新たな用水系を管理する聖域として中世へと受けつがれていったと考えられる。

「祖」から「ほとけ」へ

このような動きと連動するのだろう。祖《おや》・死者への信仰が十二世紀には変化した。十二世紀前半の『今昔物語』巻二十四に「七月十五日、盆を立つる女、和歌を読む語《こと》、第四十九」という、貧しい女性の盆供養の話がある。そこには、「極《いみ》じく貧しかりける女の、祖《おや》の為に食を備ふるに堪《た》へずして」とある。古代の「祖」の最終段階の用例と思われる。

同じ十二世紀前半、天皇の葬送は仏教との関係で大きく変化する。天皇の葬送と仏教との密接な関係は、嘉祥三年（八五〇）三月二十一日に崩御した仁明天皇の葬送まで遡る。『文徳天皇実録』では、三月二十五日に深草山陵に葬り、二十七日の初七日には陵墓に近い七ヵ寺で「功徳を修せしむ」とある。また、四月十八日には「深草陵の卒堵婆《そとば》に蔵する所の陀羅尼《だらに》、自らに発して地に落ちる」とあり、山陵には陀羅尼を納めた卒塔婆が立っていた。陀羅尼とは死者の滅罪の功徳がある『仏頂尊勝陀羅尼《ぶっちょうそんしょうだらに》』だろう。ただし、この段階では天皇の遺体は山陵に納められ、卒塔婆は死者の滅罪を目的としたものだった。

ところが、大治四年（一一二九）七月七日に崩御した白河上皇の場合は大きく異なった。遺体を塔に納めるようになるのである。上皇の葬送を、源師時《もろとき》の日記『長秋記《ちょうしゅうき》』で見てみよう。崩御翌日には入棺、十五日には高隆寺《こうりゅうじ》（香隆寺）の西北の野で葬送を行った。御棺の廻りには荒垣を設け、出入口には鳥居を立て、供膳法印覚猷《かくゆう》が御膳を供している。食膳を供える伝統が見える。その後、遺体は茶毘《だび》に付され、遺骨は香隆寺に安置された。

しかし、この火葬は、上皇の本意ではなかった。『長秋記』大治四年七月十六日の記事には、「年来、仰せて云く、吾、崩ずるの後、茶毘の礼行うべからず、早く鳥羽塔の中の石の間に納め置くべきなり」とあり、上皇は、自らの遺体を鳥羽の三重塔へ納めたいと考えていたのである。これに従い、翌、天承元年七月九日には白河上皇の遺骨は鳥羽御塔へと移された。御骨壺は、方四尺の石箇の底に安置し、石の蓋と土で覆う。その上に銅御経

図45　安楽寿院南陵（鳥羽天皇皇子，近衛天皇陵墓）

を置き土で覆い、金十両、阿弥陀像を安置、石の蓋で覆っている。塔の中で極めて厳重に遺骨を密閉していた。これが白河上皇の成菩提院陵《じょうぼだいいんのみささぎ》である。

白河上皇の葬送を見ると、遺体（御棺）の区画、供膳、遺骨の密閉という伝統的な要素を受けついでいる。その一方で、経巻と阿弥陀仏像を遺骨上に安置することからわかるように、仏教信仰にもとづく葬送という性格は明瞭である。特に塔に遺骨・遺体を納める点は特徴的だ。この形は、鳥羽上皇の陵墓、安楽寿院陵《あんらくじゅいんのみささぎ》へと受けつがれた。塔へと遺骨・遺体を納めることは、仏の遺骨「舎利」を塔へと納置することに通じ、死者を「ほとけ」として供養する素地が形成されたと言える。そして、十二世紀には遺体・遺骨を仏堂におさめる「墳墓堂」が一般化していく。

死者・祖先に対する考え方は、古代的な「祖《おや》」から、仏教の供養を受ける「霊・ほとけ」へと変化していったのではないだろうか。新たな死者・祖先観の形成に応じるように、十二世紀後半、中世の屋敷地と墓・墓域が考古学的な遺構として確認できるようになる。生産面では新たな灌漑用水系に支えられ、精神的には新たな神仏観・祖先観に裏打ちされた中世的な景観の成立であった。

古代祭祀の終焉と現代

日本列島では、五世紀、国家の原形が成立した。同時に、死者への儀礼を基礎とし、大陸からの物質的・精神的な刺激を受け、「神」と「祖」の祭祀が整えられた。この枠組みは、律令国家の基礎となっていった。しかし、九世紀後半から十・十一世紀、気候が不安定化し洪水・旱魃が頻発、環境・地形に変化が生じ、灌漑用水系の機能は失われた。これに支えられていた、古代の稲作生産は再編成を余儀なくされたと考えられる。古代の用水系と深く関係していた古代の神観と祭祀は必然的に変化していくこととなった。それは、一般的には国風文化が成立する時期に進行した。日本文化の基礎は、十・十一世紀頃の環境変化の中で起こったとの見方が可能となる。

それから約一〇〇〇年が経過した現代社会は、再び大きな環境の変化を迎えているように思われる。たとえば地震の頻発、火山活動の活発化、巨大な台風や大雨の発生など、九世紀後半の状況は現在と類似する点が多く、それが現代社会へと物心両面でさまざまな影響を与えている。一〇〇〇年前の環境変化が末法思想や本地垂迹説を浸透させたように、この状況はわれわれの考え方に大きな影響を与え、今後、新たな価値観と社会の形を生み出していくだろう。新たな価値観とはいかなるもので、どのような社会へと変化していくのか。本書で見てきた古代の祭祀・信仰とその変化は、現在の日本人が、これから歩むだろう行方を知る上で参考とすべき、重要な過去の道標なのである。

あとがき

考古学の研究においても、たびたび「祭祀」という言葉を使う。しかし、多くの場合、何を対象に、どのような構成で行われたのか明確にはしていない。ただ漠然と宗教的な儀礼を指す例がほとんどである。さらに、文字史料で確認できる八世紀以降ならともかく、七世紀以前、古墳時代の遺構・遺物の解釈に対して「神」や「祭祀」という文字を使用することが果たして適切なのか、簡単に判断できない。

また、神祭り＝祭祀の舞台となる神社の起源については、社殿は存在しなかったとの説が現在でも支配的だ。社殿（本殿）の成立については、七世紀後半、天武天皇の時代に仏教建築の刺激を受け常設の本殿をもつ神宮が成立したとの考え方が示されている（三浦正幸『神社の本殿』）。古墳時代の祭祀の実態、神社・社殿の形成とは、そのようなものだったのか、本書は、この疑問に対し可能な範囲で答えを探ってきた。

結果、五世紀代には『皇太神宮儀式帳』が記すような祭祀の構成「祭式」の原形が成立しており、「祖《おや》」「天下」の文字とともに、列島の自然環境と関わって「神」「祭」の文字が受容されていた可能性を指摘した。また、神祭りの基礎には、三世紀以来、古墳で死者に対して行ってきた貴重品の奉献、飲食の供献があったと考えた。そして、「神宮」は、七世紀中頃から後半、律令国家の形成過程で、仏教建築ではなく、宮殿建築（前期難波宮）の建物配置に合わせて、祭祀のための区画遮蔽施設「神籬」を再編成して成立、それは神祭り＝祭祀の宮廷儀礼化と神話体系との最終的な整合化の作業であったと推定した。考古学の最新の調査成果を加え、祭祀遺跡と古墳を同時に射程に入れ検討することで、折口信夫の「依代」の神観、大場磐雄の古墳時代の祭祀イメージをもとにした解釈とは異なった、古墳時代・古代の神観と祭祀の姿を提示できたと思う。

私は、千葉県内、南房総の農村で育った。北と東を標高二〇〇《メートル》ほどの丘陵「山」がへだて、西と南に耕作地「田・畑」が広がる景観だ。私が子供のころには、日本画家、小川《おがわ》芋銭《うせん》が描いた「小六月《ころくがつ》」のような情景が、まだあった。色づいた屋敷林に囲まれた農家の庭先、そこで秋の収穫物を天日に干しながら老人と子供は日向ぼっこをし、大人たちは垣根越しに立ち話をする長閑な屋敷の風景である。

集落の北にある「山」からは灌漑・生活用水、建築材、薪、食材などの恵みを得ていた。春、山から流れ出る水を水田に引き田植えが始まる。初夏の頃、青葉が瑞々しい山に分け入り蕨を取り、木苺を食べた。秋には田で稲の収穫に精を出し、色づいた山では栗を拾ったり、自然薯を掘ったりした。季節の移り変わりと環境からの恵みを体感してきた。

その「山」には山の神を祀る石祠があり、水源の谷に水神と不動尊を祀り、山麓に水神の社が鎮座する。また、我が家、重代の墓所も山麓にある。山、田畑、屋敷の景観を舞台に、神へ豊作や日々の平安を祈る春・秋の祈禱（祭り）を行い、祖先を迎え食事でもてなすお盆の行事を行ってきた。神や祖先と我々との接点は、日々の生活・生産の場の近くにあった。そこには、自然環境の働きに「神」を見て祀り、「祖」を飲食でもてなすという基本的な部分で、古墳時代・古代の祭祀と通底する意識を読み取れる。古代の祭祀・信仰は、十・十一世紀には大きく変化し、神仏を一体に理解する本地垂迹説にもとづく中世的な信仰へと移行した。しかし、それでも「神」「祖」への人々の接し方の基本は、伝統的に受け継がれてきたのではないだろうか。

ところが、二十一世紀初頭の現在、私が育った農村の景観は刻々と変化している。北にあった「山」は、大規模な土砂採取により削り取られ、農作業や灌漑システムでは急速に機械化が進んだ。一方で、若者は都市部へと働きに出るようになり、生活と生産の場の乖離も進んでいる。このような環境で、祭りやお盆などの年中行事を、次世代へ伝えることができるか心許ない状況となっている。祭祀・信仰から見ても現在は、日本社会、日本文化の大きな転換点であることは間違いないだろう。このような時にこそ、日本人の信仰の特徴とは何か、日本文化の本質とは何かについて、時間的・空間的に広い視点で改めて考える必要があるだろう。本書がわずかでもその参考となるならば、著者にとっては望外の幸せである。

最後に、このような私の研究の端緒を開いてくれた高等学校時代の恩師、野中徹先生に、まず感謝申し上げたい。また、本書を執筆するに当たっては、大学時代以来の恩師、岡田莊司先生・椙山林継先生をはじめ、諸先輩、研究者諸氏、各関係機関からは貴重な情報・資料をご提供いただいた。そして、吉川弘文館の一寸木紀夫さんには執筆段階からお世話になり、並木隆さんには編集・刊行でご尽力いただいた。改めてお礼を申し上げる。

平成二十七年十一月

小六月の頃、庭の木々が色づき始めた自宅において

笹生衛

参考文献

史料・報告書

増補本居宣長全集第二『古事記伝』吉川弘文館　一九〇二
日本古典文学大系『古事記　祝詞』岩波書店　一九五八
日本古典文学大系『風土記』岩波書店　一九五八
日本古典文学大系『日本書紀　上・下』岩波書店　一九六七・一九六五
大神宮叢書『大神宮儀式解　前編、大神宮儀式解　後篇・外宮儀式解』臨川書店　一九七〇・一九七六
続日本古典全集『釋日本紀　上』現代思潮社　一九七九
神道大系　神宮編一『皇太神宮儀式帳・止由気儀式帳・大神宮諸雑事記』神道大系編纂会　一九七九
新潮日本古典集成『日本霊異記』新潮社　一九八四
訳注日本史料『延喜式　上』集英社　二〇〇〇
『沖ノ島　宗像神社沖津宮祭祀遺跡』宗像神社復興期成会・吉川弘文館　一九五八
『桜井茶臼山古墳　附櫛山古墳』奈良県教育委員会　一九六一
『続沖ノ島　宗像神社沖津宮祭祀遺跡』宗像神社復興期成会・吉川弘文館　一九六一
『奈良県史跡名勝天然記念物調査報告第35冊　メスリ山古墳』奈良県教育委員会　一九七七

『宗像沖ノ島』宗像神社復興期成会　一九七九
『埼玉稲荷山古墳』埼玉県　一九八〇
『小滝涼源寺遺跡―千葉県安房郡白浜町祭祀遺跡の調査―』朝夷地区教育委員会・白浜町　一九八九
『鹿島湖岸北部条里遺跡Ⅷ―宮中条里遺跡大船津地区―』茨城県鹿島町教育委員会　一九八九
『黒井峯遺跡発掘調査報告書』群馬県子持村教育委員会　一九九〇
奈良県立橿原考古学研究所編『斑鳩　藤ノ木古墳　第一次調査報告書』斑鳩町・斑鳩町教育委員会　一九九〇
『天白磐座遺跡（引佐町の古墳文化Ⅴ）』引佐町教育委員会　一九九二
『出作遺跡Ⅰ』松前町教育委員会　一九九三
『紫金山古墳と石山古墳』京都大学文学部博物館　一九九三
『斑鳩　藤ノ木古墳　第二・三次調査報告書』奈良県立橿原考古学研究所編　斑鳩町・斑鳩町教育委員会　一九九五
『行者塚古墳　発掘調査概報』加古川市教育委員会　一九九七
『山ノ花遺跡　遺物図版編』浜松市文化協会　一九九八
『山ノ花遺跡　木器編（図版）』浜松市文化協会　一九九八
『綿貫観音山古墳Ⅰ―墳丘・埴輪編―』㈶群馬県埋蔵文化財調査事業団　一九九八
『綿貫観音山古墳Ⅱ―石室・遺物編―』群馬県教育委員会・㈶群馬県埋蔵文化財調査事業団　一九九九
『保渡田八幡塚古墳　史跡保渡田古墳群　八幡塚古墳　保存整備事業報告書』群馬町教育委員会　二〇

〇〇

『前田遺跡（第Ⅱ調査区）』八雲村教育委員会　二〇〇一
『奈良県立橿原考古学研究所調査報告第七五冊　南郷遺跡群Ⅲ』奈良県立橿原考古学研究所編 奈良県教育委員会　二〇〇三
『東部土地区画整理事業地内埋蔵文化財発掘調査報告書』磐田市教育委員会　二〇〇三
『館山市長須賀条里制遺跡・北条条里制遺跡』（財）千葉県文化財センター　二〇〇四
『宮田諏訪原遺跡Ⅰ・Ⅱ—榛名山噴火軽石・火山灰に埋没した古墳時代祭祀遺跡—』赤城村教育委員会　二〇〇五
『難波宮址の研究　第十三—前期・後期朝堂院の調査—』財団法人大阪市文化財協会　二〇〇五
『館山市東田遺跡』（財）千葉県教育振興財団他　二〇〇六
『千東台遺跡Ⅰ—祭祀遺構—』木更津市教育委員会　二〇〇八
「桜井茶臼山古墳　第7・8次調査概要報告」『東アジアにおける初期都宮および王墓の考古学的研究』研究代表者、寺沢薫（奈良県立橿原考古学研究所）二〇一一
『大島御嶽山遺跡—福岡県宗像市大島所在遺跡の発掘調査報告—宗像市文化財調査報告書第64集』宗像市教育委員会　二〇一二
『甲塚古墳—下野国分寺跡史跡整備関連発掘調査報告書—』下野市教育委員会　二〇一四

著書・論文

井上順孝「宗教研究の新しいフォーメーション」『21世紀の宗教研究』平凡社　二〇一四
大場磐雄『神道考古学論攷』葦牙書房　一九四三
大場磐雄『祭祀遺蹟―神道考古学の基礎的研究―』角川書店　一九七〇
大場磐雄編『神道考古学講座　第一～六巻』雄山閣　一九七二～八一
大平　茂『祭祀考古学の研究』雄山閣　二〇〇八
岡田莊司『大嘗の祭り』学生社　一九九〇
岡田莊司「天皇と神々の循環型祭祀体系―古代の崇神―」『神道宗教』一九九・二〇〇号　二〇〇五
岡田莊司「古代の天皇祭祀と災い」『國學院雜誌』第一一二号　國學院大學　二〇一一
岡田莊司編『日本神道史』吉川弘文館　二〇一〇
岡田精司『新編神社の古代史』学生社　二〇一一
小田富士雄「沖ノ島祭祀遺跡の再検討2」『「宗像・沖ノ島と関連遺産群」研究報告Ⅱ―1』「宗像・沖ノ島と関連遺産群」世界遺産推進会議　二〇一二
折口信夫「髯籠の話」『折口信夫全集　第二巻　古代研究（民俗学篇一）』中央公論社　一九七五
折口信夫「大嘗祭の本義」『折口信夫全集　第三巻　古代研究（民俗學篇2）』中央公論社　一九七五
金子裕之「平城京と祭場」『国立歴史民俗博物館研究報告　第七集　共同研究「古代の祭祀と信仰」』国立歴史民俗博物館　一九八五
亀井正道『建鉾山―福島県表郷村古代祭祀遺跡の研究―』吉川弘文館　一九六六

河野一隆「石製模造品の編年と儀礼の展開」『帝京大学山梨文化財研究所報告』第11集　二〇〇三
近藤義郎『前方後円墳の時代』岩波書店　一九八三
笹生　衛『神仏と村景観の考古学』弘文堂　二〇〇五
笹生　衛『日本古代の祭祀考古学』吉川弘文館　二〇一二
笹生　衛「富士山の古代祭祀とその背景―火山活動・災害と古代の神観・祭祀―」『山梨県山岳信仰遺跡群詳細分布調査報告書―富士山信仰遺跡に関わる調査報告―』山梨県教育委員会　二〇一二
笹生　衛「日本における古代祭祀研究と沖ノ島祭祀―主に祭祀遺跡研究の流れと沖ノ島祭祀遺跡の関係から―」『「宗像・沖ノ島と関連遺産群」研究報告Ⅱ―1』「宗像・沖ノ島と関連遺産群」世界遺産推進会議　二〇一二
笹生　衛「古代祭祀の形成と系譜―古墳時代から律令時代への祭具と祭式―」『古代文化』第六五巻第三号　公益財団法人古代学協会　二〇一三
笹生　衛「古墳の儀礼と死者・死後観―古墳と祖先祭祀・黄泉国との関係」『古事記學』第一号　國學院大學研究開発推進機構　二〇一五
笹生　衛「神の籬と神の宮―考古学から見た古代の神籬の実態―」『神道宗教』第二三八号　神道宗教学会　二〇一五
篠原祐一「五世紀における石製祭具と沖ノ島の石材」『「宗像・沖ノ島と関連遺産群」研究報告Ⅰ』「宗像・沖ノ島と関連遺産群」世界遺産会議　二〇一一
白石太一郎「ヤマト王権と沖ノ島祭祀」『「宗像・沖ノ島と関連遺産群」研究報告Ⅰ』「宗像・沖ノ島と

関連遺産群」世界遺産会議　二〇一一
椙山林継「石製模造品」『神道考古学講座第三巻　原始神道期二』雄山閣　一九八一
高橋克壽『埴輪の世紀　歴史発掘9』講談社　一九九六
竹内照夫『新釈漢文大系28　礼記　中』明治書院　一九七七
田中史生「武の上表文―もうひとつの東アジア―」『文字と古代日本2　文字による交流』吉川弘文館　二〇〇五
田中良之「中村1号墳における葬送儀礼」『中村1号墳』出雲市　二〇一二
塚田良道『人物埴輪の文化史的研究』雄山閣　二〇〇七
中塚　武「気候変動と歴史学」『環境の日本史1　日本史と環境―人と自然―』吉川弘文館　二〇一二
中村啓信「「神籬」について」『神道宗教』第一八号　神道宗教学会　一九五八
穂積裕昌『古墳時代の喪葬と祭祀』雄山閣　二〇一二
米川仁一「奈良県御所市秋津遺跡の祭祀関連遺構」『月刊考古学ジャーナル』No.657　ニューサイエンス社　二〇一四
広瀬和雄『前方後円墳国家』角川書店　二〇〇三
福山敏男『神宮の建築に関する史的調査』造神宮使庁　一九四〇
三浦正幸『神社の本殿　建築にみる神の空間』吉川弘文館　二〇一三
森田克行『よみがえる大王墓　今城塚古墳』新泉社　二〇一一
和田晴吾『古墳時代の葬制と他界観』吉川弘文館　二〇一四

著者紹介

一九六一年、千葉県に生まれる

一九八五年、國學院大學大学院文学研究科博士課程前期修了

現在、國學院大學神道文化学部教授、國學院大學博物館長、博士（宗教学）

主要編著書

『神仏と村景観の考古学』（弘文堂、二〇〇五年）

『日本古代の祭祀考古学』（吉川弘文館、二〇一二年）

『事典 神社の歴史と祭り』（共編、吉川弘文館、二〇一三年）

歴史文化ライブラリー
417

神と死者の考古学
古代のまつりと信仰

二〇一六年（平成二十八）一月一日 第一刷発行
二〇一九年（平成三十一）四月一日 第二刷発行

著 者 笹《さそ》生《う》衛《まもる》

発行者 吉川道郎

発行所 株式会社 吉川弘文館
東京都文京区本郷七丁目二番八号
郵便番号一一三―〇〇三三
電話〇三―三八一三―九一五一〈代表〉
振替口座〇〇一〇〇―五―二四四
http://www.yoshikawa-k.co.jp/

印刷＝株式会社 平文社
製本＝ナショナル製本協同組合
装幀＝清水良洋・宮崎萌美

ISBN978-4-642-05817-9

歴史文化ライブラリー

1996. 10

刊行のことば

現今の日本および国際社会は、さまざまな面で大変動の時代を迎えておりますが、近づきつつある二十一世紀は人類史の到達点として、物質的な繁栄のみならず文化や自然・社会環境を謳歌できる平和な社会でなければなりません。しかしながら高度成長・技術革新にともなう急激な変貌は「自己本位な刹那主義」の風潮を生みだし、先人が築いてきた歴史や文化に学ぶ余裕もなく、いまだ明るい人類の将来が展望できていないようにも見えます。このような状況を踏まえ、よりよい二十一世紀社会を築くために、人類誕生から現在に至る「人類の遺産・教訓」としてのあらゆる分野の歴史と文化を「歴史文化ライブラリー」として刊行することといたしました。

小社は、安政四年（一八五七）の創業以来、一貫して歴史学を中心とした専門出版社として書籍を刊行しつづけてまいりました。その経験を生かし、学問成果にもとづいた本叢書を刊行し社会的要請に応えて行きたいと考えております。

現代は、マスメディアが発達した高度情報化社会といわれますが、私どもはあくまでも活字を主体とした出版こそ、ものの本質を考える基礎と信じ、本叢書をとおして社会に訴えてまいりたいと思います。これから生まれでる一冊一冊が、それぞれの読者を知的冒険の旅へと誘い、希望に満ちた人類の未来を構築する糧となれば幸いです。

吉川弘文館